全心全意
孕育幸福的
宝宝

给胎儿的
幸福胎教

主编 ◎ 谢　菲

吉林科学技术出版社

U0517428

图书在版编目（ＣＩＰ）数据

给胎儿的幸福胎教 / 谢菲主编 . -- 长春 ：吉林科
学技术出版社，2014.11
ISBN 978-7-5384-8485-4

Ⅰ . ①给… Ⅱ . ①谢… Ⅲ . ①胎教－基本知识 Ⅳ .
① G61

中国版本图书馆 CIP 数据核字（2014）第 264002 号

给胎儿的幸福胎教
Gei Tai'er De Xingfu Taijiao

主　　编　谢　菲
出　版　人　李　梁
策划责任编辑　端金香
执行责任编辑　李励夫
模　　特　于　洋　张莹楠　小　静　赵　丽　陈　悦　于　娜　陈园园　陶　桃
封面设计　长春市一行平面设计有限公司
制　　版　长春市一行平面设计有限公司
开　　本　889mm×1194mm　1/20
字　　数　200千字
印　　张　8
印　　数　1—6000册
版　　次　2015年7月第1版
印　　次　2015年7月第1次印刷

出　　版　吉林科学技术出版社
发　　行　吉林科学技术出版社
地　　址　长春市人民大街4646号
邮　　编　130021
发行部电话/传真　0431-85635177　85651759
　　　　　　　　　　　85651628　85670016
储运部电话　0431-86059116
编辑部电话　0431-85659498
网　　址　www.jlstp.net
印　　刷　沈阳美程在线印刷有限公司

书　　号　ISBN 978-7-5384-8485-4
定　　价　39.90元

前言

Qianyan

打开生命真相，联结孕育幸福

大多数人都鲜有机会和渠道了解自己如何从一个受精卵成长为一个生命。直到我们成人，才能以实践者和创造者的身份去探究那些曾经被我们的父母讳莫如深的生命真相。

胎宝宝在妈妈子宫里的280天，实际上是完成了人类从一个细胞到高智能生命几十亿年的进化历程，为我们呈现出一卷灿烂而盛大的生命史诗。每一个宝宝在妈妈的子宫里都拥有非凡的智慧和强大的生命能量，他们通过强大的感知能力获得这个世界的信息，以滋养自己正在快速发育的大脑与心灵。这是新生命成长的期待与需要。

中国的胎教文化格局大气，底蕴深厚。健康的（备）孕期生活的身心调整才能孕育一个健康的宝宝；而多元化的胎教方式，则让准父母在胎宝宝生命早期的温柔陪伴有了更多形式和可能。每一个与胎宝宝达成沟通与互动的准父母，都会幸福于生命神奇的联结与交流。

胎教不是奇迹或迷信，而是真正的科学；胎教不是给胎宝宝的教育，而是每位准父母重新认知生命的契机；胎教是不需要条件的陪伴，而始于对新生命最深刻的尊重。

目录
CONTENTS

孕中期（91～180天）
宝贝，要健康哦！

孕晚期（181～280天）
宝贝，我爱你！

孕早期（0～90天）
宝贝，欢迎你！

导读 这一时期大多数准妈妈在不安和早孕反应的辛苦中努力。这一时期虽然大部分的妈妈都还感受不到胎宝宝，但是胎宝宝在这一阶段的发育效果会奠定他（她）一生的健康质量。孕早期胎儿发育非常快，是身体器官、四肢和其他生理系统分化、生成最重要的关键时期，孕早期结束时，胎宝宝所有器官原基基本上已经形成。每个准妈妈都想象不到，如果整10月胎宝宝都按这个阶段的生长速度发育，出生后的体重将达到1.5吨重呢！

这个阶段胎宝宝要发育面部和中枢神经系统，准妈妈情绪的好坏，将会对这两大重要的发育内容产生非常关键的影响。因此，本时期胎教的重点是保持好心情，准妈妈可以做音乐胎教和营养胎教。

情绪胎教：笑容比任何食物和药物的效果都好

有人说，微笑是开在嘴角的两朵花，我们都喜欢看见微笑的脸。腹中的胎儿虽然看不见母亲的表情，却能感受到母亲的喜怒哀乐。

人的情绪变化与内分泌有关，在情绪紧张或应激状态下，体内一种叫乙酰胆碱的化学物质释放增加，促使肾上腺皮质激素的分泌增多。在孕妇体内这种激素随着母体血液经胎盘进入胎儿体内，而肾上腺皮质激素对胚胎有明显破坏作用，影响某些组织的联合，特别是前3个月，正是胎儿各器官形成的重要时期，如孕妇长期情绪波动，就可能造成胎儿畸形，所以，准妈妈们每天都开心一点吧，不要吝啬你的微笑。

就像有人说的，哭也是一天，笑也是一天，何不让自己笑笑地过着一天，让别人欢喜，让自己快乐。

每天清晨，可以对着镜子，先给自己一个微笑，在一瞬间，一脸惺忪转为光华润泽，沉睡的细胞苏醒了，让人充满朝气与活力。

良好的心态，融洽的感情，是幸福美满家庭的一个重要条件，也是达到优孕、优生的重要因素。一个充满欢声笑语的家庭必然是幸福的。

孕妇切忌大悲大怒，更不要吵骂争斗。孕妇妊娠1个多月，如果受到惊吓、恐惧、忧伤、悲愤等严重刺激，或其他原因造成的精神过度紧张，会引起流产等不良反应。在夫妻感情融洽、家庭气氛和谐、心态良好的情况下，受精卵就会"安然舒适"地在子宫内发育成长，生下的孩子就更健康、聪慧。

准爸爸应该为自己的小宝宝创造一个安定、舒适的环境。孕妇更应该注意心理保健，控制各种过激情绪，始终保持开朗、乐观的心情；做丈夫的也应该在精神上给妻子以安慰。

怀孕期间，不仅准妈妈要常常微笑，准爸爸也要常常微笑，因为你的情绪常常影响着妻子的情绪。妻子快乐，这种良好的心态，会传递给腹中的宝宝，让宝宝也快乐。胎儿接受了这种良好的影响，会在生理、心理各方面健康发育。

因此，微笑也是你给予宝宝的胎教。

准妈妈的情绪**如何影响胎宝宝**

在长达280天的宫内生活中，胎儿不但通过胎盘和脐带从母体摄取营养排泄废物，还会通过胎盘和脐带进行情感沟通。这是因为：当母体情绪变化时内分泌腺就会分泌出多种多样的激素。上学时我们曾经学过一个实验，把叶子放在不同颜色的水里，会发现叶脉会慢慢变色，我们的愤怒或是忧伤的情绪激素就像这些水中的颜色，通过我们血管慢慢地渗透到我们的全身。这些激素经过血液循环进入胎盘，使胎盘的血液成分发生变化，从而刺激胎儿的活动，比如胎动增多、胎宝宝心跳加快、体温升高，这与我们成年人在生气时候的状态一模一样。

如果我们愤怒，身体里就会分泌肾上腺素，经常生气动怒，精神总是处于紧张激动的状态，这种激素会导致身体疾病。如果我们喜悦，身体里又会分泌内啡肽，这被心理学家称为"幸福因子"，分泌得越多，我们会越感觉幸福和快乐。如果准妈妈在孕期长期处于这样的状态，我们宝宝的情绪自然也会平和稳定而快乐。而艺术形式的胎教恰恰可以激发准妈妈身体里内啡肽的大量分泌！

准妈妈坏情绪**对胎宝宝的危害**超乎想象

据统计资料表明，如果准妈妈情绪长期紧张、发怒、恐惧、惊吓、忧虑等，将对胎儿下丘脑造成不良影响，致使日后患精神病的概率比较大。即使能够幸免，往往出现低体重儿，此类婴儿好动、情绪欠佳、易哭闹、消化功能紊乱等症状会出现。

此外孕早期准妈妈情绪不安，可致胚胎发育不良，并可引起胎儿唇裂及腭裂等畸形，严重时还会导致流产。在妊娠中晚期会引起胎儿心率增快或减慢，胎动增加，导致胎儿出生后体重低，心脏有缺陷，身体功能失调。还可造成难产及胎盘剥离，子宫出血，甚至导致胎儿死亡。

英国苏塞克斯大学研究发现，如果准妈妈们在怀孕时经常生气、发怒，孩子出生后的心律变化就较小。专家解释，心律变化能够反映一个人的健康情况，因为它反映着身体为适应外界而自我调整的过程，如果心脏不能适应这种变化，心律变化过小，就更容易被感染而患心脏疾病。成年人心律变化越小就越容易患心脏疾病，也正是这个道理。

孕晚期，宝宝的大脑功能已经逐步发育，准妈妈长期处于什么样的情绪模式下，宝宝的大脑与身体都会记忆下来，最后就最终形成了宝宝自己的情绪。美国俄亥俄州的研究小组用7年的时间跟踪了百余位孕妇和她们的孩子，发现孩子出生后的情绪模式可以遗传于妈妈孕期时的状态，最高遗传可高达37.5%！

准妈妈如何来**调整自己的情绪**

无论是好情绪还是坏情绪都是一种能量。特别是坏情绪，绝对不应该压抑在身体里，而是应该让它流动出自己的内心和身体。否则对自己和宝宝的健康甚至是家庭氛围都会有或多或少的影响。

写孕期日记

书写是一种特别的且非常有效的情绪梳理方式。当我们不开心，可以尝试着去通过书写、通过笔与纸的"倾诉"把自己的心情宣泄出去。你会发现写着写着就会慢慢地释怀啦！

尝试通过艺术活动的参与来转移情绪

这里的艺术可以是听音乐、看画展甚至是进行艺术创作、去观赏话剧或电影、阅读自己喜欢的书……找到你在孕前就喜欢的艺术方式，只要参与进去，你的专注力就不再停留在坏情绪上。

与其他准妈妈交流

准妈妈在孕期因为宝宝的出现，会有很多古怪的想法和情绪。如果能够时不时地跟自己的闺密或是好孕友聊聊天，你就会发现，哦，原来你想的各种问题都不是问题，甚至是好多准妈妈都已经很好地解决了。

给胎宝宝做胎教

跟宝宝胎教是一件神奇又好玩的事情。当你开始能够与宝宝通过胎教互动，你就会有另一种面对生命的态度，宝宝能听得懂你的话，能够陪你在肚子里玩耍，你要不高兴他也不高兴，那么，我们还有什么理由不让宝宝跟你一起开心呢？

营养胎教：
准妈妈不偏食，胎宝宝身体好

营养也会是一种胎教吗？当然是，准妈妈的营养不但会影响到宝宝的身体和智能发育，还会进一步影响到胎宝宝出生后的饮食结构和口味。

20世纪80年代，英国的Barker教授经过两万多例儿童与成人的跟踪研究发现，孕期母体营养不良和胎儿营养不良紧密相关，同时提出冠心病、糖尿病等成人疾病的"胎源"假说原理。该理论也被称为多哈（或都哈）DOHaD（Developmental Origins of Health Disease），意指"健康与疾病的发育起源"，引发世界范围的关注和研究。

这一理论强调，胎儿在母体中的9个月，以及出生到两岁期间的生命早期1000天，是有效预防成人期疾病的关键时期，包括孕期营养、母乳喂养、科学合理的辅食添加以及良好的教养环境。如今，中国保健协会也提出"零岁保健"全新理念，呼吁全社会一起从胎儿期和新生儿期开始做好母婴保健，降低成人疾病的发生率。

孕早期准妈妈偏食或者挑食容易造成胎宝宝营养不良或营养不平衡。有研究显示，孕早期每日蛋白摄入量低于55克，妊娠前3个月流产率为81%，新生儿健康甚佳者只有1/3；每日蛋白摄入量高于85克，无流产发生，新生儿健康甚佳者达3/4。此外，目前营养过剩，造成孕妇、胎儿肥胖也在增加，给母婴健康带来不同程度的危害，应提倡孕期的合理膳食。

科学胎教一直强调：身心健康的妈妈才能孕育出身心健康的宝宝。准妈妈身体的健康除了来自健康的体魄、合理的作息，更重要的一点是平衡和科学的营养饮食。

大多数的准妈妈都以为营养饮食只对自己有用，接下来，我们要细细了解一下胎宝宝与准妈妈饮食和营养之间更为秘密和有趣的联系！

胎宝宝在孕12周时，舌头上出现味蕾，味觉在孕26周形成。孕八月时，胎宝宝舌头中的味觉神经已较发达了。这些味觉信息会由感觉神经传送入大脑。这一阶段胎宝宝发达的味觉，对羊水的味道有一定的鉴别力。感受性逐渐增强，能够辨别苦和甜。

美国BBC制作的《人体漫游》和美国探索频道制作的《子宫日记》，都是展示胎宝宝在子宫内生活的纪录片。在纪录片中有一个非常有意思的片段，是准妈妈在吃具有芳香气味的食物（苹果、橘子等）后，宝宝在子宫里也会开始大口地吞咽羊水，科学家推断这是宝宝也在品尝妈妈水果大餐后的美味呢！

的确如此，准妈妈所吃的食物在消化吸收后，会通过脐带源源不断地输送到羊水中去。这些食物中含有特别味道的分子都会被胎宝宝的味蕾捕捉到，这些信息都会不间断地输送到他自己正在飞速发育的大脑中去。孕晚期时，胎宝宝的大脑已经能判断这些信息是否重要，并能够决定对哪一类信息做出反应，还要将某些信息传递的记忆储存起来。

美国一项研究表明，准妈妈在怀孕和哺乳期就开始对宝宝进行"营养胎教"。通过多吃某些蔬菜，帮助宝宝培养出对这种蔬菜口味的终生喜好。因此，我们建议准妈妈在孕期一定不要挑食，因为你的挑食将可能孕育出一个天生就"挑食"的宝宝哦！同时也特别建议准妈妈每天能够摄入尽可能多的食物，不求量多而是以多样化为原则。意在让宝宝在胎儿时期就输入大量的"味觉记忆"。

在David Chamberlain教授的《胎儿的记忆与学习》中写道，胎儿在子宫内能够识别复杂的化学感觉受体的相互作用。许多化学复合物，包括母亲饮食中来的物质，通过胎盘到达子宫中的胎儿体内，而其他的则流动在鼻黏膜的毛细血管中。通过呼吸和吞咽羊水，胎儿熟悉母亲饮食的种类，包括像大蒜类的东西。甚至在鼻子闻到母乳的味道之前，婴儿就已经知道并且喜欢自己母亲的乳汁。母亲在围产期突然改变饮食习惯会导致婴儿感觉混乱并干扰母乳喂养。

营养胎教：
缓解孕吐的10个健康方案

1. 避免接触可以引起孕吐的特殊味道，避免食入可以引起孕吐的食物，经常呼吸新鲜的空气。

2. 准备一些有益健康的零食，经常少量食用，减少空腹的时间。

3. 在可以引起孕吐的食物中，如果有十分想吃的食物的话，尽量避免吃得过饱。

4. 孕吐的程度因人而异，但食用清凉爽口且味酸的食物可以缓解孕吐。

5. 如果早上孕吐症状很严重，可以在睡前吃点高蛋白的点心，对缓解孕吐有一定帮助。

6. 频繁呕吐会导致脱水，所以要经常饮用应季饮料。

7. 少食用糖和调味料，尽量选择含有一点盐、醋、辣椒酱的蛋白食物。

8. 尽量避免去人多的地铁站、百货商场、电影院等场所，如果有需要可以选择在该场所空闲的时间段去。

9. 大部分的孕吐会在孕中期中渐渐消失，所以要保持平和的心态。

10. 可以随身带一些姜片，难受时闻一闻，对一些准妈妈缓解孕吐有很好的效果，如果严重到连水都不能喝的程度，就要到妇产科与主治医生进行沟通解决。

●孕一月的发育和身体变化●

受精卵快速发育

胎儿指标	
胎重	0～1.0微克
胎长	0～0.02毫米
器官	血液循环系统开始出现，脑、脊髓神经系统器官原型也已出现；心脏的发育较显著，第3周末起开始搏动；胎盘、脐带也开始发育
面部五官	眼睛、鼻子、耳朵尚未形成，嘴和下巴已见雏形
四肢	四肢开始发展，身体分两大部分，非常大的部分为头部，有长长的尾巴，像小海马的形状。手和脚因为太小，肉眼还看不清楚

准妈妈的身体变化

项目	表现
体重	和孕前差不多，没有特别的变化
子宫	子宫壁变得柔软、增厚；形态无明显变化，大小同鸡蛋那么大
乳房	乳房稍变硬，乳头颜色变深并且变得很敏感或有疼痛感。因个体差异，有的准妈妈无此变化
体温	基础体温稍高
妊娠反应	由于体内激素分泌失衡，比较敏感的准妈妈出现了恶心、呕吐症状。少部分出现类似感冒的症状：如身体疲乏无力、发热、畏寒等
注意事项	重视胚胎质量，谨慎服药

● 孕一月需要重点补充的营养 ●

补充叶酸等维生素

维生素对保证早期胚胎器官的形成发育有重要作用。叶酸是与胎儿脑发育有关的重要维生素，补充一定量的叶酸可以防止胎儿神经管畸形、唇腭裂等。

维生素C可以帮助准妈妈吸收钙和铁。维生素B_{12}有营养神经的作用。如果缺乏叶酸和维生素B_{12}，有可能造成巨幼细胞性贫血。准妈妈可以根据需求选购孕妇多维片。

受精卵已经进入子宫开始发育。补充叶酸的同时，加强多种微量元素的摄取，微量元素锌、铜等参与了中枢神经系统的发育。可以适当吃一些香蕉、动物内脏，还有瓜子、松子等坚果类食品，都富含锌元素。

每天摄入60~80克优质蛋白质

孕一月对于准妈妈来说，蛋白质的供给不仅要充足还要优质，每天在饮食中应摄取蛋白质60~80克，其中应包含来自多种食物，如鱼、肉、蛋、奶、豆制品等的优质蛋白质40~60克，以保证受精卵的正常发育。

每天摄入150克碳水化合物和适量脂肪

受孕前后，如果碳水化合物供给不足，准妈妈会一直处于饥饿状态，可能会导致胚胎大脑发育异常，影响胎儿的智商。因此，孕一月应保证每天摄入150克以上的碳水化合物。母体和胎儿需要的必需脂肪酸来自食物中的脂肪，特别在植物油中含量较高。碳水化合物主要来源于蔗糖、面粉、大米、红薯、土豆、山药等食物。

科学饮水

怀孕后体内的液体将大量增加，因此准妈妈要保证每天喝足够的水，每天要喝2000毫升（大约8杯）的水。

● 孕一月的饮食 ●

主食

米、面不要过分精白，尽量采用中等加工程度的米面。主食不要太单一，应米面、杂粮、干豆类掺杂食用，粗细搭配，有利于获得全面营养和提高食物蛋白质的营养价值。

蛋奶

鸡蛋中还含有丰富的钙、铁、维生素B_1和维生素B_2，故为准妈妈比较理想的食物。奶类蛋白质主要成分酪蛋白为含磷复合蛋白质，具有足够的必需氨基酸，也是一种完全蛋白质。奶中脂肪颗粒细小，易于消化吸收；尤其是奶含钙丰富，易吸收，是膳食中钙的良好食物来源，为准妈妈供钙更为适宜。

蔬菜

应多选用绿叶蔬菜或其他有色蔬菜。准妈妈膳食中蔬菜的2/3应为绿叶蔬菜。鲜豆类如豇豆、毛豆、四季豆等蛋白质含量丰富，并且其中所含铁吸收率较好也可选用。对竹笋一类含草酸高的蔬菜应尽量少食或不食。

水果

选择应季水果，价格实惠营养又能保证。柑橘、枣及含抗坏血酸丰富的水果，可以多食用。

动物性食品

尽量选择蛋白质含量高、脂肪含量低的品种。禽肉脂肪含量低，肌肉细腻，蛋白质含量丰富，适合准妈妈食用。鱼类肌肉纤维细嫩，含蛋白质丰富，脂肪以不饱和脂肪酸为主，尤其深海鱼类脂肪中有丰富的二十二碳六烯酸（DHA），对胎儿脑和神经发育有益，准妈妈应多食鱼类。

● 准妈妈**每日热量需求** ●

准妈妈每日热量需求	
孕早期	需要摄取9414千焦
孕中、晚期	需要摄取10460千焦

1千卡=4.184千焦耳
碳水化合物产生热能=4千卡/克
蛋白质产生热量=4千卡/克
脂肪产生热量=9千卡/克
例如：1碗米饭100克（2两）
它的热量=100×4=400千卡

事实上，要将食物热量精确计算出来是很难的，大多数时候我们采用近似值的方法，以376.6千焦（90千卡）为一个计算单位举例。

主食：1/4碗（普通大小）米饭、半碗稀饭或半碗面条≈376.6千焦（90千卡），两个馒头≈1046千焦（250千卡）。

蔬菜：600克的任何蔬菜≈418.4千焦（100千卡）。

水果：300克西瓜、两个橘子≈418.4千焦（100千卡）。

肉类：37克瘦肉、20克肥肉≈418.4千焦（100千卡）。

鸡蛋：1个煮鸡蛋≈335千焦（80千卡），1个煎荷包蛋≈502千焦（120千卡）。

常见食物热量表

食品名称	千卡/100克	食品名称	千卡/100克	食品名称	千卡/100克
粳米	348	猪肉（肥）	816	山药	67
小米	358	猪肉（瘦）	592	西蓝花	40
薏米	357	猪蹄	443	莲藕	70
面条	109	猪肝	130	豆角	31
馒头	208	牛肉（瘦）	106	番茄	20
玉米	336	酱牛肉	246	韭菜	29
豆腐皮	409	羊肉（肥瘦）	220	黄瓜	16
燕麦	350	鸭肉	353	冬瓜	14
黑豆	381	肉鸡	526	葡萄	58
豆腐	98	苹果	69	樱桃	58

● 准妈妈一日的**餐单建议** ●

餐次	食物种类
早餐	干稀搭配。牛奶、粥、汤，配着点心、面包、三明治等吃，鸡蛋、蔬菜等也要吃
加餐	如果早餐喝牛奶会肠胃不舒服，可以这个时候喝，最好喝前先吃两片饼干，促进营养吸收
中餐	要吃好，不要选择外面的快餐。如果不得已要吃，也要记得帮自己点一份青菜，过于油腻的菜先泡过白开水后再吃
加餐	准妈妈可以带一些坚果、豆制品、水果和饼干在身边，以备下午肚子饿时加餐
晚餐	确保营养，可以适量少吃一些主食，以降低摄入的热量。但是肉和蔬菜都要吃

✓ **饮食建议**

　　准妈妈一定要吃早餐，而且要保证早餐的质量。准妈妈可以开始按照"三餐两点心"的方式进食，三次正餐做到定时定量。

● 一周饮食**搭配示例** ●

	早餐	午餐	晚餐
周一	牛奶、面包、火腿肉	米饭、肉片鲜蘑、松仁玉米	米饭、排骨萝卜、白菜粉丝
周二	二米粥、煮鸡蛋、炝三丝、苹果	米饭、牛肉炖番茄、苦瓜煎蛋	烙酸奶饼、玉米面粥、桃仁芹菜
周三	豆腐脑、桃酥、什锦菜	米饭、馒头、香菇扒油菜	馒头、八宝粥、冬笋木耳
周四	胡萝卜粥、花卷、腌鸭蛋、小黄瓜	米饭、八宝粥、醋烹豆芽、焖扁豆	蒸红薯、绿豆粥、烧栗子冬瓜
周五	金银卷、牛奶、炝青笋	米饭、红烧排骨、双耳南瓜汤	八宝粥、醋烹豆芽、焖扁豆
周六	豆浆、馒头、豆芽拌海带丝	米饭、红烧鸡块、紫菜蛋花汤	二米粥、烙饼、西芹百合、蒜蓉西蓝花
周日	豆沙包、二米粥、蒜蓉茄泥	芸豆米饭、番茄圆白菜、炒莜麦菜	米饭、芝麻火烧、鱼香肉丝

● 孕二月 的发育和身体变化 ●

胎儿的发育

胎儿指标	
胎重	1~4克
胎长	1~3厘米
器官	脑、脊髓、眼睛、听觉器官、心脏、胃肠、肝脏粗具规模，内外生殖器的原基能辨认，但从外表上还分辨不出性别
面部五官	眼睛、嘴巴、耳朵出现轮廓。鼻部膨起，外耳开始有小皱纹，人脸的模样基本形成
四肢	骨骼处于软体状态。5周时具有萌芽状态的手、脚和尾巴。7周时，头、身体、手和脚开始有区别，尾巴逐渐缩短。8周末，用肉眼也可分辨出头、身体和手足

准妈妈的身体变化

项目	表现
体重	和孕前差不多，没有特别的变化
子宫	多数准妈妈会尿频、白带增多、乳房增大、乳房胀痛、腰腹部酸胀
乳房	乳房有时会有刺痛或者抽动感，因个体差异，有的准妈妈无此变化
妊娠反应	大部分准妈妈会头晕、乏力、嗜睡、流涎、恶心、呕吐、喜欢酸性食物、厌油腻。早孕反应由轻到重，一般持续两个月左右
注意事项	缓解早孕反应，预防先兆流产，不宜性生活

● 孕二月 需要重点补充的营养 ●

蛋白质

　　每天的供给量以80克左右为宜。怀孕两个月内，对于蛋白质的摄入，不必刻意追求一定的数量，但要注意保证质量。今天想吃就多吃一点，明天不想吃就少吃一点，顺其自然就好。

碳水化合物和脂肪

　　孕二月如果实在不愿意吃脂肪类食物，就不必勉强自己，人体可以动用自身储备的脂肪。此外，豆类食品、蛋类、奶类也可以少量补充脂肪。但是，含淀粉丰富的食品不妨多吃一些，以提供必需的能量。

水和无机盐

　　孕二月补水和无机盐非常重要，特别是早孕反应严重的人，因为剧烈的呕吐容易引起人体的水盐代谢失衡。

维生素

　　维生素是人体必需的营养物质，也是胎儿生长发育必需的物质，特别是叶酸、B族维生素、维生素C及维生素A是此时期必须补充的。

保证锌的充足

　　孕早期缺锌，会使胎儿的大脑发育和体重增长变慢，还会增加准妈妈分娩时的危险性。因此，准妈妈应适当吃一些富含锌元素的食物，如动物内脏、花生、香蕉等。孕期锌的推荐量为每日20毫克。

●孕二月应该吃什么食物●

对于孕二月的准妈妈来说自身的营养与生个健康宝宝的关系是非常大的，孕二月是胎儿身体各个器官发育时期，对准妈妈和胎儿要选择有特别益处的食品。这里介绍几种供准妈妈参考。

水果蔬菜

虽然蛋类、水果类、蔬菜中维生素的含量也不少，但它们都易溶于水，往往在烹调过程中大量流失掉。部分蔬菜可以洗净生吃，这样就避免了加热过程中维生素的损失。准妈妈适当吃些水果，特别是新鲜水果，对补充自身和胎儿对维生素的需求是非常有利的。

核桃

核桃含有丰富的不饱和脂肪酸，丰富的蛋白质，较多的磷、钙和各类维生素，还含有碳水化合物、铁、镁、硒等。中医认为，核桃有补肾固精、温肺止咳、益气养血、补脑益智、润肠通便、润燥化痰等作用。准妈妈常吃核桃可防病健身，有利于胎儿健脑。

鱼类

鱼类营养丰富，含有易被人体吸收的钙、碘、磷、铁等无机盐和微量元素，对大脑的生长、发育和防治神经衰弱症有着极高的效用，是准妈妈应当经常食用的美味佳肴。

玉米

玉米中含有的蛋白质、脂肪、糖类、维生素和矿物质都比较丰富。黄玉米中含有维生素A，对人的智力、视力都有好处。玉米脂肪中的维生素含量较多，可防止细胞氧化、衰老，从而有益于胎儿智力的发育。

● 准妈妈一日的**餐单建议** ●

餐次	食物种类
早餐	豆包或蒸饼50克，二米粥1碗（大米和小米50克），煮鸡蛋1个，蔬菜或咸菜适量
加餐	牛奶300毫升，苹果1个
中餐	面条150克，瘦肉50克，黄瓜50克，其他调料适量
加餐	烤馒头片50克，橘子1个
晚餐	米饭100克，鱼100克，番茄100克，胡萝卜50克，其他调料适量

☑ 饮食建议

准妈妈如果有轻微的恶心、呕吐，可以采用少量多餐的办法。注意不要缺水，每两小时喝一杯水，做到及时饮水，不要等到口渴时再喝，让体内的有毒物质能及时从尿中排出。

● 一周饮食**搭配示例** ●

	早餐	午餐	晚餐
周一	八宝粥、发糕、豆腐乳	米饭、肉炒茭白、紫菜蛋花汤	米饭、烧豆角、鸡蛋粉丝菠菜汤
周二	牛奶、果酱包、黄瓜豆腐丝	米饭、馒头、豆角炒肉丝、虾子豆腐羹	红薯粥、馅儿饼、素焖扁豆
周三	牛奶、面包、香蕉	米饭、番茄鸡蛋、姜汁大虾	饺子、炝芹菜、蟹柳虾皮黄瓜
周四	牛奶、豆包、果味黄瓜	馒头、红烧兔肉、香菇油菜	馅儿饼、小米粥、醋熘白菜丝
周五	馄饨、炸馒头片、芥末菠菜	米饭红薯、肉末豆芽、鸡汤番茄	包子、浓汤肉丝青菜面、梨
周六	豆腐脑、糖饼、苹果	米饭、红烧鸡块、紫菜蛋花汤	蒸饺、紫米粥、尖椒土豆丝
周日	牛奶、面包、蜂蜜、煎鸡蛋	米饭、姜汁鸡丝、虾皮小白菜	蒸红薯、红豆粥、鸡蛋炒木耳

● 孕三月的发育和身体变化 ●

胎儿的发育

胎儿指标	
胎重	4~40克
胎长	0.3~1厘米
器官	肋骨、皮下血管、心脏、肝脏、胃肠更加发达；自身形成了血液循环，已有输尿管，胎儿可排出一点尿；骨骼和关节尚在发育中
面部五官	面颊、下颌、眼睑及耳郭已发育成形，颜面更像人脸
四肢	整个身体中头显得格外大；尾巴完全消失；眼睛及手指、脚趾清晰可辨。四肢在羊水中已能自由活动，左右腿还可交替做屈伸动作，双手能伸向脸部
胎动	这时胎儿活动并不强烈，准妈妈还未能感觉到胎动

准妈妈的身体变化

项目	表现
体重	准妈妈开始食欲增加，下降的体重逐渐回升
子宫	下腹部还未明显隆起，子宫在孕三月末时，已长如握拳大小
乳房	乳房胀痛外，开始进一步长大，乳晕和乳头色素沉着更明显，颜色变黑
妊娠反应	孕三月的前两周，是妊娠反应最重的阶段，之后随着孕周的增加反而开始减轻，不久将自然消失
注意事项	预防妊娠纹，做好产检

●孕三月需要重点补充的营养●

多方面摄入蛋白质

要尽量保证准妈妈的蛋白质摄入量，可以多方面摄入，植物蛋白和动物蛋白都可以。准妈妈都可以尝试一下，牛蹄筋、海参、贝类等海产品含蛋白质丰富，做出来清淡可口，也很适宜现在的准妈妈食用。

碳水化合物和脂肪摄入与上月相同

与上个月的基本相同，脂肪可以动用人体的储备，但应保证碳水化合物的摄入量。可以将各种米、面、杂豆、薯类等五谷杂粮混合烹调，也可将谷类与蔬菜、水果混合制作，既有营养又能增加食欲，制作也非常方便。

注意叶酸、钙、铁、维生素E的摄入

这个月要注意叶酸、钙、铁、维生素E的摄入。含叶酸的食物包括鸡蛋、深绿色蔬菜，如青菜、卷心菜等，水果中柑橘和香蕉也有较多叶酸；动物肝脏、牛肉含有的铁较多。维生素E具有保胎、安胎、预防流产的作用，还有助于胎儿的肺部发育。植物油、坚果和葵花子都含有维生素E。

富含维生素E的食物（每100克含量）			
核桃	43.21毫克	芝麻	43.21毫克
松子	34.48毫克	板栗	4.56毫克
榛子	36.43毫克	腰果	3.17毫克
黑豆	17.36毫克	绿豆	10.95毫克
大豆	18.9毫克	葵花子	34.53毫克
菜籽油	60.89毫克	花生油	42.06毫克

● 孕三月 应该怎么吃 ●

饮食宜清淡

孕三月的准妈妈膳食仍以清淡、易消化吸收为宜，要少吃油腻的食物，应尽可能选择自己喜欢的食物，为保证蛋白质的摄入，可适当多补充一些奶类、蛋类、豆类、坚果类、鱼肉、贝类食物。

吃点粗粮

孕三月准妈妈容易发生便秘，应增加含纤维素较多的粗粮和富含膳食纤维的蔬菜的摄取，如红薯、芹菜等。

选择自己喜欢的食物

准妈妈应尽可能选择自己喜欢的食物，不必刻意多吃或少吃什么。若妊娠反应严重影响了正常进食，可在医生建议下适当补充综合维生素片。同时，为保证蛋白质的摄入量，在有胃口的时候多补充些奶类、蛋类、豆类食物。

五谷豆浆要常喝

豆浆具有很高的营养价值，一直是我国传统的养生佳品。而五谷豆浆综合了五谷的营养价值，非常适合孕期食用。准妈妈每天喝一杯五谷豆浆，可增强体质、美容养颜、稳定血糖、防止孕期贫血和妊娠高血压等，可谓益处多多。

适当增加肉类和豆类食物

对准妈妈来说，最容易缺乏的必需元素就是铁元素。大部分准妈妈都服用补铁口服液，但在孕早期尚不需要服用。最好的方法是通过食物补充。含铁较多的食物有鱼、贝类、牡蛎、豆类、黄绿色蔬菜和海藻类等。摄取以上食物的同时，最好进食富含蛋白质、B族维生素、维生素C的食物，因为这3种物质有助于人体吸收铁元素。

非常多的新手妈妈都发现，宝宝在出生后播放胎教时的音乐，宝宝立刻可以安静下来。这是因胎宝宝在孕中后期时记忆能力已经在发生和逐渐强化中了，在胎教时通过音乐胎教所产生的胎儿期记忆被称为音乐胎教中的"记忆印痕"。一般而言，胎儿会对自己所熟悉的声音进行有效的分析并进行记忆。如果准妈妈不断播放一段音乐，最终就慢慢地产生了记忆印痕。

　　胎宝宝是否有记忆力？若干年前也曾是一个极有争议的问题。伴随着人们对生命科学越来越深入的探索和研究，"胎儿期的记忆"逐渐被越来越多的国家和科学机构的学者们认可。20世纪60年代便进入"胎儿心理学"研究领域的学者托马斯·伯尼即认为，人类自胎儿期时即具体有了思维的能力，而记忆则是思维活动的一种形式。目前科学界普遍认为，胎儿具有记忆能力，而且这种能力还将随着胎龄的增加而逐渐增强。

在我跟踪的数百位胎教妈妈中发现，凡坚持做胎教半年以上的准妈妈们，到孕中后期，90%以上的胎宝宝在听到妈妈唱《摇篮曲》（或专门的记忆印痕曲目）时有明显的胎动回应；当宝宝出生后出现哭闹的情况时，这些妈妈们继续放在胎教时反复哼唱的《摇篮曲》时，有70%以上的宝宝会对音乐有反应并很快安静下来。仅从这些在我们身边的胎教宝宝们的案例来看，胎儿期的确是具有记忆的。

对于一些一听就能勾起准妈妈悲伤情绪的音乐，不建议准妈妈多听，因为准妈妈的情绪会对胎宝宝的健康带去影响，因此在选择自己的胎教音乐时也尽可能规避。

对于音乐胎教的方法，我们要掌握几个原则：第一，在家里营造一个听音乐的环境，懂得欣赏日常生活中听到的音乐；第二，进行胎教活动时，应适当建立时间规律，而且在胎教活动时，尽可能让自己完全沉浸到音乐中去，要尽量消除自己的紧张感；最好不要一边听音乐一边做工作。第三，欣赏音乐的时候尽量选择比较舒适的姿势，如靠墙而坐，或者坐在沙发上都可以。身体的舒适感会带来好的胎教效果；第四，听胎教音乐的音量一定不能太大，以不让自己觉得吵闹甚至是烦躁为好，准妈妈尽可以放心，宝宝一定会听得到，因为你能听到的这些乐声，在传到我们的腹壁和子宫中去也有60分贝左右呢；第五，千万不要把耳机或音箱放在肚皮上，这样会对胎宝宝的听力造成不可逆的伤害。

平常我们可以看到非常多的胎教音乐都是在推荐欧洲古典音乐作品，这部分的作品有的妈妈非常喜欢，但有的妈妈却无法接受。这是因为音乐也是有性格的，而中国的妈妈不喜欢或听不懂欧洲古典音乐也很正常，是因为我们没有那样的艺术文化背景。

因此，我们在此为准妈妈推荐一些你可能之前从未接触过的音乐，但相信这些音乐，一定会让你和胎宝宝在聆听的时候舒心悦耳。

● 班得瑞的**轻音乐** ●

　　班得瑞的轻音乐是很多准妈妈在孕前就喜欢的，也非常合适听哦！他的音乐的确是可以很好地舒缓准妈妈的情绪，让我们平和、沉静下来。

　　班得瑞是瑞士一个音乐团体，其作品以环境音乐为主，亦有一些改编自欧美乡村音乐的乐曲，另外还有相当数量的是重新演奏一些成名曲目。

　　班得瑞最独特之处莫过于每当执行音乐制作时，从头到尾都深居在阿尔卑斯山林中，坚持不掺杂一丝毫的人工混音，直到母带完成！置身在欧洲山野中，让班得瑞拥有源源不绝的创作灵感，也找寻到自然脱俗的音质。每一声虫声、鸟鸣、花落流水，都是深入山林、湖泊，走访瑞士的阿尔卑斯山、罗春湖畔、玫瑰峰山麓，少女峰等处实地记录。

　　"班得瑞的音乐是兼具视觉、触觉与听觉的，我们从大自然中所得到的创作灵感，宛如抛物线般将一直延伸，飞向到地球另一端，它不只是新世纪音乐，更是淬炼自大自然的心灵投手！"

　　专辑名称：初雪
　　专辑名称：清晨
　　专辑名称：月光
　　专辑名称：儿时记忆
　　专辑名称：春野

●《森林狂想曲》、《绿色方舟》●

专辑名称	《森林狂想曲》、《绿色方舟》
作者	吴金黛等
出品公司	风潮唱片公司

　　可以被称为中国的Newage音乐。跟班得瑞的音乐虽然同属一派，但带给耳朵和心灵的享受却是完全不同的。在沁人心脾的旋律里收录了真实的海洋、调皮的虫鸣、清亮的鸟啼、辽远的风浪……这一切的美妙的声音组合，如同躺在海滩看浪花卷来贝壳冲走海沙，又好像置身丛林与花儿对话听它说生命的色彩。整个专辑的制作过程耗时5年，深入山林实地录音，共收集台湾鸟类、蛙类、蝉类、虫类、山羌、猕猴、飞鼠、溪流等100多种台湾自然声音。

　　基本上每一位中国准妈妈都会喜欢哦！

●《琵琶相》●

专辑名称	《琵琶相》
作者	林海
出品公司	风潮唱片公司

　　全方位才子林海颠覆琵琶，震撼乐坛划时代的作品。在琵琶开始流传的三千年后，林海以自己的音乐才华，挑战传统，融合现代，颠覆你的琵琶印象。

　　12首现代精致创作，将琵琶渊远文化隐含其中，丰富的曲风在林海的巧思下融合，时而甜美，时而轻巧，时而壮阔，时而婉转，娓娓诉说三千年来众生相。准妈妈听到其中的旋律一定会感觉心旷神怡。专辑中的一些音乐对于进行抚摸胎教或是冥想胎教都是非常好的搭配。

●《巫娜古琴系列》●

专辑名称	古琴专辑系列《一花一世界》、《一叶一菩提》、《天禅》等
作者	巫娜
出品公司	深圳音像公司

　　胎教这个文化主张，本是数千年前中国人提出来的，更是中国胎育智慧的结晶体现，绝非很多妈妈认为的"舶来品"。因此，我们也主张中国人要用中国人自己的音乐做胎教。中国的古老艺术形态中"琴"是放在第一位的，所以，如孔子这样的教育家都会边抚琴边教学，在我国的古典文化中，古琴是能够承载中国古典音乐、文学、美学的一个神奇的乐器。胎宝宝对于古琴音乐的喜欢绝对超过我们的想象，因为胎宝宝对古琴这一乐器的次声波非常敏感，听古琴音乐对胎宝宝4个月之后听力及大脑发育有着良好促进作用，而且妈妈的情绪在这些旋律中也会沉淀下来。

艺术胎教：名画欣赏

　　艺术胎教即是孕妇通过进行一些艺术类练习，如书法、绘画、看书等，不仅本身会提高文化素养，还能给胎儿营造更为安宁与舒服的生活环境。

　　心理学家认为，画画不仅能提高人的审美能力，产生美的感受，还能通过笔触和线条，释放内心情感，调节心绪平衡。画画具有和音乐治疗一样的效果，即使不会画画，你在涂涂抹抹之中也会自得其乐。

●《维纳斯的诞生》

　　《维纳斯的诞生》一画，原是为装饰劳伦佐的别墅而作的，作于1485年间。据说，画家从波利齐安诺一首长诗《吉奥斯特纳》中受到启迪，诗中形容维纳斯女神从爱琴海中诞生，风神把她送到岸边，春神又从右边急忙迎来，正欲给她披上用天空的星星织成的锦衣，纷飞的鲜花加强了这种诗的意境。

　　画家处理这个场面时，舍弃了原诗中一些喧闹的描写，把美神安排在一个极幽静的地方，背景是平静而微有碧波的海面。维纳斯忧郁地站在象征她诞生之源的贝壳上，她的体态显得娇柔无力，对迎接者以及这个世界似乎缺乏热烈的反应。它告诉观者，女神来到人间后对于自己的未来，不是满怀信心，似乎充满着惆怅。

● 《金色的秋天》 ●

　　推荐准妈妈欣赏俄国著名风景画家列维坦的名作《金色的秋天》。列维坦被称为"色彩抒情诗人"，他的画是俄罗斯大自然的象征，画家用自己的色彩勾勒出了俄罗斯独特的风光。

　　列维坦的这幅《金色的秋天》创作于1895年，画面充满了阳光，湛蓝的天空，仿佛活生生的会呼吸似的，天空飘浮着灰白色的云，阳光穿过云朵照耀在同样蓝得发亮的小溪上，田野正在由绿变黄，树叶已全部变成金黄色，清晰可见的笔触宣泄着画家心中涌动的激情湛蓝的天空。画家运用潇洒稳健的笔触和色块，高度概括地描绘了俄罗斯金黄色秋天的自然景象。这幅画是一首秋天的颂歌，秋高气爽，观赏者看后顿觉心旷神怡，一扫心中的灰暗。

《桃源仙境图》

　　全画以竖幅高远章法，分三层叠进，近景为深壑、小桥、流水，桥上有童子捧瓯而过。板桥过处，青草铺地，另一童子携食盒亢于岸头。隔小溪为山洞，内有钟乳石悬壁，有泉淌漾而出，洞口水边有一位仙者弹琴，两位仙者于旁静听，传神入微。

　　仙者傍依的山根岩石间，有山桃杂卉伴卧松而开放，古松自右岸斜坡横卧于洞顶，松皮龙壳，青藤盘绕，与左岸山岩之山桃相呼应，境界超逸，非神仙之属，又怎能到这里生存？这是作品的主题部分。

　　洞顶清霭虚掩处，有小路自云中显现，绕过山梁及松林，琼阁高筑与松柏相辉映，山涧有清泉，挟乱石而流泻，涧边杂卉仙草益发，石上小亭别具，山间浮云缭绕，斜晖之中，几组远山，一派云海，更使画面境界无尽。

●《牧场圣母》●

　　一看到这幅画，准妈妈就看到快乐慈祥的圣母马利亚抱着活泼可爱的圣子，会感觉到一种细腻、委婉的母子之情。从画面中能感觉到一种祥和、安静的氛围。准妈妈就需要这种平静的心态，慢慢地体会这幅名画中的情感，而对于幸福的真谛也许就会有所感悟。

●《西斯廷圣母》●

　　拉斐尔的画对美丽与神圣、爱慕与敬仰的表达都恰到好处，使人获得一种纯洁、高尚的精神享受。画中圣母脚踩云端，代表人间权威的统治者教皇西斯廷二世，身披华贵的教皇圣袍，取下桂冠，虔诚地欢迎圣母驾临人间。圣母的另一侧是圣女渥瓦拉，她代表着平民百姓来迎驾，她的形象妩媚动人，沉浸在深思之中。她转过头，怀着母性的仁慈俯视着小天使，仿佛同他们分享着思想的隐秘，这是拉斐尔的画中最美的一瞬间。人们忍不住追随小天使向上的目光，最终与圣母相遇，这是目光和心灵的会合。

美术胎教：粘贴画

　　准妈妈可以在孕期学做一些情趣手工，在做这些事的时候，注意力就会全部集中于其上，不但能缓解不适恶心感觉，还能让心情变得平静祥和，对胎教很有益处。而且，据研究，准妈妈在孕期多动手，多做手工，将来的宝宝会心灵手巧。这个结论并非空穴来风，因为我们的手，是神经纤维最集中的地方，神经纤维数量高达数百万根；还是人类神经感觉最敏锐的地方，而且从人的大脑皮层显示的反射区来看，手的神经反射区在大脑皮层上所占的面积最大。现在很多潜能开发的内容都是大量地应用手指，从而促发大脑的敏锐度。因此，从小我们就会听老人家说"心灵手巧"，这是有道理的。

大蒜

　　大米粒，还可以选择高粱米或是接近白颜色的米粒。

步骤1：取一张彩色卡纸作为底板。

步骤2：在卡纸上用画笔画出大蒜的图案。

步骤3：将毛线按图案剪成适当长度后用胶水粘贴上去。

步骤4：将卡纸上涂抹一些胶水，将米粒粘贴好，大蒜就完成了。

仙人球

毛线和碎纸屑在粘贴的过程中比较麻烦，最好准备几根牙签，方便粘贴。

步骤1:取一张彩色卡纸作为底板。

步骤2:在卡纸上用画笔画出仙人球的图案。

步骤3:准备一段绿色毛线和碎纸屑。

步骤4:将毛线按图案剪成适当长度后用胶水粘贴上去。

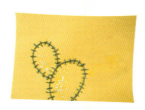

步骤5:毛线粘贴后将卡纸上涂抹一些胶水，撒上纸屑作为装饰，仙人球就完成了。

鱿鱼

鱿鱼眼睛也可以用红豆、绿豆来粘贴。

步骤1:取一张彩色卡纸作为底板。

步骤2:在卡纸上用画笔画出鱿鱼的图案。

步骤3:将毛线按图案剪成适当长度后用胶水粘贴上去。

步骤4:将卡纸上涂抹一些胶水,将米粒粘贴好,触角部分不用粘米粒,鱿鱼就完成了。

白菜

在粘贴毛线的时候要选用黏性比较大的胶水，待毛线干透后，再将米粒粘入其中。

步骤1:取一张彩色卡纸作为底板。

步骤4:将卡纸上涂抹一些胶水，将米粒和绿豆粘贴好，白菜就完成了。

步骤2:在卡纸上用画笔画出白菜的图案。

步骤3:将毛线按图案剪成适当长度后用胶水粘贴上去。

蝴蝶

蝴蝶的翅膀要选择八宝粥的米粒，这样蝴蝶会更有立体感。

步骤1：取一张彩色卡纸作为底板。

步骤2：在卡纸上用画笔画出蝴蝶的图案。

步骤3：将毛线按图案剪成适当长度后用胶水粘贴上去。

步骤4：将卡纸上涂抹一些胶水，将米粒粘贴好，蝴蝶就完成了。

鲨鱼

在制作鲨鱼的时候尽量使用大米和黑米，使鲨鱼的属性更加明显。

步骤1:取一张彩色卡纸作为底板。

步骤2:在卡纸上用画笔画出鲨鱼的图案。

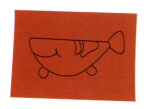

步骤3:将毛线按图案剪成适当长度后用胶水粘贴上去。

步骤4:将卡纸上涂抹一些胶水，将米粒粘贴好，鲨鱼就完成了。

鸭梨

小米也可以使用大黄米来替代，粘贴的
时候尽量多使用一些胶水来增加黏性。

步骤1：取一张彩色卡纸作
为底板。

步骤2：在卡纸上用画笔画
出鸭梨的图案。

步骤3：将毛线按图案剪成
适当长度后用胶水粘贴上去。

步骤4：将卡纸上涂抹一
些胶水，将米粒粘贴好，阴
影部分用黑豆代替，鸭梨就
完成了。

蘑菇

在粘贴小米的时候比较麻烦，最好先将胶水涂抹好，然后再将小米撒上后细微调整。

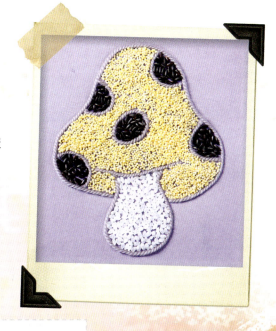

步骤1:取一张彩色卡纸作为底板。

步骤2:在卡纸上画出蘑菇的图案。

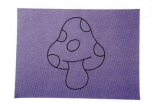

步骤3:准备一段紫色毛线。

步骤4:将毛线按图案剪成适当长度后用胶水粘贴上去。

步骤5:毛线粘贴后将卡纸上涂抹一些胶水，将米粒粘在卡纸上，蘑菇就完成了。

大树

自己可以自由发挥，做出大树一年四季不同的样子。

步骤1：取一张彩色卡纸作为底板。

步骤2：用橙黄色和淡黄色的彩色纸剪出树叶。

步骤3：用浅绿色彩纸剪出草地的形状。

步骤4：剪一些纸屑作为树干的装饰。

步骤5：用黑色画笔画出树干。

步骤6：将剪好的树叶不规则地粘贴在树干上。

步骤7：将碎纸屑粘贴在树干上，完成。

语言胎教

胎宝宝在出生之前比较而言发育最为完善的器官就是耳朵。所以，准爸爸准妈妈们千万不要忽略这个时间和宝宝通过各种各样的声音方式进行沟通。更重要的是，不要忘记胎宝宝在具备这些能力的时期，也希望准爸爸准妈妈通过各种各样的胎教方式让自己的听觉能力变得更棒，更多地通过听去感受这个美妙的世界！

对于胎宝宝听觉能力方面的胎教形式有两种：一种是通过音乐，一种是通过语言，在语言胎教的过程中，准父母可以选择一些自己喜欢的童话、寓言和小故事，也可以选择一些优美的古诗词，还可以选择一些散文、诗歌等。总之，阅读时能够让准爸妈获得文字的词韵之美、意境之美和情感之美，那就是最好了。当然，你也可以跟宝宝讲一天发生的事情，或者是你对他的期待……其实说什么内容已经不重要了，重要的是，要让胎宝宝感受到爸爸妈妈对自己的爱与关注，这很重要。除此之外，我们还需要知道胎宝宝发育能力的进程。

在准妈妈怀孕第8周的时候，胎宝宝大脑皮层已基本粗略分层，这时脑细胞的发育非常迅速。大脑皮层之中的新皮质是主要用来学习知识和进行精神活动的区域，当准爸妈与胎宝宝说话时，等于正在为胎宝宝发育的大脑中的新皮质层输入最初的语言印记，这样能极好地帮胎宝宝建立对语音的感知能力，对宝宝日后学习语言会有一个很好的促进。

中国传统启蒙读物《三字经》

　　《三字经》是中国的传统启蒙教材。在中国古代经典当中，《三字经》是最浅显易懂的读本之一。《三字经》取材典故范围，包括中国传统文化的文学、历史、哲学、天文地理、人伦义理、忠孝节义等，而核心思想又包括了"仁、义、诚、敬、孝"。背诵《三字经》的同时，就了解了常识、传统国学及历史故事，以及故事内涵中的做人做事道理。

人之初，性本善，性相近，习相远。
苟不教，性乃迁，教之道，贵以专。
昔孟母，择邻处，子不学，断机杼。
窦燕山，有义方，教五子，名俱扬。
养不教，父之过，教不严，师之惰。
子不学，非所宜，幼不学，老何为？
玉不琢，不成器，人不学，不知义。
为人子，方少时，亲师友，习礼仪。
香九龄，能温席，孝于亲，所当执。
融四岁，能让梨，弟于长，宜先知。
首孝悌，次见闻，知某数，识某文。
一而十，十而百，百而千，千而万。
三才者，天地人，三光者，日月星。
三纲者，君臣义，父子亲，夫妇顺。

曰春夏，曰秋冬，此四时，运不穷。
曰南北，曰西东，此四方，应乎中。
曰水火，木金土，此五行，本乎数。
十干者，甲至癸，十二支，子至亥。
曰黄道，日所躔，曰赤道，当中权。
赤道下，温暖极，我中华，在东北。
寒燠均，霜露改，右高原，左大海。
曰江河，曰淮济，此四渎，水之纪。
曰岱华，嵩恒衡，此五岳，山之名。
古九州，今改制，称行省，三十五。
曰士农，曰工商，此四民，国之良。
曰仁义，礼智信，此五常，不容紊。
地所生，有草木，此植物，遍水陆。
有虫鱼，有鸟兽，此动物，能飞走。

稻粱菽，麦黍稷，此六谷，人所食。
马牛羊，鸡犬豕，此六畜，人所饲。
曰喜怒，曰哀惧，爱恶欲，七情具。
青赤黄，及黑白，此五色，目所识。
酸苦甘，及辛咸，此五味，口所含。
膻焦香，及腥朽，此五臭，鼻所嗅。
匏土革，木石金，与丝竹，乃八音。
曰平上，曰去入，此四声，宜调协。
高曾祖，父而身，身而子，子而孙。
自子孙，至玄曾，乃九族，人之伦。
父子恩，夫妇从，兄则友，弟则恭。
长幼序，友与朋，君则敬，臣则忠。
此十义，人所同，当师叙，勿违背。
斩齐衰，大小功，至缌麻，五服终。
礼乐射，御书数，古六艺，今不具。
唯书学，人共遵，既识字，讲说文。
有古文，大小篆，隶草继，不可乱。
若广学，惧其繁，但略说，能知原。
凡训蒙，须讲究，详训诂，明句读。
为学者，必有初，小学终，至四书。
论语者，二十篇，群弟子，记善言。
孟子者，七篇止，讲道德，说仁义。
作中庸，子思笔，中不偏，庸不易。
作大学，乃曾子，自修齐，至平治。

四书熟，孝经通，如六经，始可读。
诗书易，礼春秋，号六经，当讲求。
有连山，有归藏，有周易，三易详。
有典谟，有训诰，有誓命，书之奥。
我周公，作周礼，著六官，存治体。
大小戴，注礼记，述圣言，礼乐备。
曰国风，曰雅颂，号四诗，当讽咏。
诗既亡，春秋作，寓褒贬，别善恶。
三传者，有公羊，有左氏，有谷梁。
尔雅者，善辨言，求经训，此莫先。
古圣著，先贤传，注疏备，十三经。
左传外，有国语，合群经，数十五。
经既明，方读子，撮其要，记其事。
五子者，有荀扬，文中子，及老庄。
经子通，读诸史，考世系，知终始。
自羲农，至黄帝，号三皇，在上世。
夏有禹，商有汤，周文武，称三王。
夏传子，家天下，四百载，迁夏社。
汤伐夏，国号商，六百载，至纣亡。
周武王，始诛纣，八百载，最长久。
周共和，始纪年，历宣幽，遂东迁。
周道衰，王纲坠，逞干戈，尚游说。
始春秋，终战国，五霸强，七雄出。
嬴秦氏，始兼并，传二世，楚汉争。

高祖兴，汉业建，至孝平，王莽篡。

光武兴，为东汉，四百年，终于献。

魏蜀吴，争汉鼎，号三国，迄两晋。

宋齐继，梁陈承，为南朝，都金陵。

北元魏，分东西，宇文周，兴高齐。

迨至隋，一土宇，不再传，失统绪。

唐高祖，起义师，除隋乱，创国基。

二十传，三百载，梁灭之，国乃改。

梁唐晋，及汉周，称五代，皆有由。

赵宋兴，受周禅，十八传，南北混。

辽与金，皆称帝，元灭金，绝宋世。

舆图广，超前代，九十年，国祚废。

迨成祖，迁燕京，十六世，至崇祯。

权阉肆，寇如林，李闯出，神器焚。

清世祖，膺景命，靖四方，克大定。

由康雍，历乾嘉，民安富，治绩夸。

道咸间，变乱起，始英法，扰都鄙。

同光后，宣统弱，传九帝，满清殁。

革命兴，废帝制，立宪法，建民国。

古今史，全在兹，载治乱，知兴衰。

史虽繁，读有次，史记一，汉书二。

后汉三，国志四，兼证经，参通鉴。

读史者，考实录，通古今，若亲目。

口而诵，心而唯，朝于斯，夕于斯。

昔仲尼，师项橐，古圣贤，尚勤学。

赵中令，读鲁论，彼既仕，学且勤。

披蒲编，削竹简，彼无书，且知勉。

头悬梁，锥刺股，彼不教，自勤苦。

如囊萤，如映雪，家虽贫，学不辍。

如负薪，如挂角，身虽劳，犹苦卓。

苏老泉，二十七，始发愤，读书籍。

彼既老，犹悔迟，尔小生，宜早思。

若梁灏，八十二，对大廷，魁多士。

彼既成，众称异，尔小生，宜立志。

莹八岁，能咏诗，泌七岁，能赋棋。

彼颖悟，人称奇，尔幼学，当效之。

蔡文姬，能辨琴，谢道韫，能咏吟。

彼女子，且聪敏，尔男子，当自警。

唐刘晏，方七岁，举神童，作正字。

彼虽幼，身已仕，有为者，亦若是。

犬守夜，鸡司晨，苟不学，曷为人。

蚕吐丝，蜂酿蜜，人不学，不如物。

幼习业，壮致身，上匡国，下利民。

扬名声，显父母，光于前，裕于后。

人遗子，金满赢，我教子，唯一经。

勤有功，戏无益，戒之哉，宜勉力。

怀孕早期的准爸爸怎么做

● 让胎宝宝记住准爸爸的声音 ●

生活中我们会看到这样的现象，一些婴儿，即使不熟悉的女性逗他，他也会微笑，而准爸爸逗他则反而会哭，别说其他的男性了。这正是孩子从胎宝宝期到出生后的一段时间里，对男性的声音不熟悉造成的。为了消除孩子对男性包括对准爸爸的不信任感，所以，在语言胎教中准爸爸应该扮演一个非常重要的角色。

英国一位准爸爸在准妈妈怀孕期间给孩子起了个"Sky"的乳名，每次和准妈妈腹中胎宝宝说话的时候，都会称呼他为Sky。久而久之，当这位准爸爸用手触摸准妈妈隆起的腹部并呼唤孩子乳名的时候，会明显感觉到来自胎宝宝的信息，似乎他听到准爸爸的声音显得很兴奋。后来，孩子在准父母的殷切期盼下出生了，令大家惊讶的是，当准爸爸呼唤孩子为Sky的时候，婴儿竟然依旧会有明显的反应。

之所以会有这样的效果，是因为胎宝宝在母亲体内，由于鼓膜受到子宫内羊水的压力，无法完全听清母亲温柔和高频的声音。而准爸爸的声音低频更加浑厚，更容易被宝宝听到，因此，父亲的声音参加音乐或语言胎教是非常高效的和必要的。

● 不要吸烟 ●

准爸爸在家里与准妈妈对话时，千万要记住，不要边吸烟边讲话。这样对准妈妈及胎宝宝都是不利的。因为烟雾中的有害物质可以通过呼吸进入准妈妈体内，再通过血液输送给胎宝宝，从而对胎宝宝产生不良影响。

● 避免性生活 ●

这时期胚胎和胎盘正处在形成时期，胎盘尚未发育完善，是流产的高发期。如果此时受性活动的刺激，易引起子宫收缩，加上精液中含有的前列腺素，更容易对准妈妈的产道形成刺激，使子宫发生强烈收缩，而且性高潮时强烈的子宫收缩，使胚胎更加危险。

孕中期（91～180天）
宝贝，要健康哦！

导读

这一时期是胎儿发育的飞速时期，也是准妈妈最舒适的阶段。此时，在子宫内的胎儿进入了重要阶段。胎宝宝的大脑也已经进入了第一个脑发育高峰期，脑细胞在以每分钟25万个的速度增殖。来自准妈妈和准爸爸的各种胎教信息刺激都会储存到宝宝正在发育的脑细胞中，更重要的是，这些信息越多越会促进胎宝宝的脑细胞发育得更多。

另外，这一阶段准妈妈的身体状态正处于非常舒服的阶段，因此也有足够的状态和宝宝一起进行胎教互动。更重要的是，准妈妈已经可以感觉到胎动了，做胎教的时候也更有"存在感"了。快乐的妈妈会生出健康幸福的宝宝。妈妈说一句饱含爱意的话，宝宝也会得到充分的滋养。本时期胎教的重点是保持快乐幸福感，准妈妈可以重点做的胎教形式为：一些音乐胎教和语言胎教、美术胎教、抚摸胎教以及运动胎教。

情绪胎教：享受大自然的美

　　数千年之前的《黄帝内经》有说：孕妇七情过盛，会导致胎病。简单地说，就是孕期妈妈的情绪不好，会让胎宝宝得病。这个理论在如今的心理学以及生物化学中通过实验已被充分证实。

　　情绪是一种奇妙的化学介质，可以完全被详细解读，而且诸如肾上腺素、多巴胺、内啡肽等主管情绪的神经递质都会在我们体内时刻控制我们身体、思维甚至是性格，但却不被我们了解。情绪也被称为一种流动的能量，这个能量系统对于孕期女性和胎儿来说，更是一种神秘和神奇的存在。

　　在孕期，基本上每位准妈妈都会经历情绪的小状况，因为当宝宝在我们的身体里住下来，就会引发准妈妈身体里一系列的内分泌或高或低的变化，这些变化都是让我们"喜怒无常"的原因之一。

　　除此之外还有一个更重要的原因：宝宝的到来将会带来家庭结构和生活的巨变。如果我们不及时补充孕产育的相关知识，就会无法应对分娩、母乳、产后护理各种问题，这些问题不解决就会持续不断地成为隐忧而最终成为"坏情绪"来干扰准妈妈们。所以，孕期的专业知识的学习就显得尤为重要，当然，把自己的生活规划得更丰富也是创造好心情的重要方法！

● 别让宝宝经历"情绪暴风雪" ●

　　在孕期的母子共享着一个共同的生物能量系统。用一句话说：妈妈在这个系统的健康度直接影响宝宝健康。孕期女性体内激素都在一个紊乱的状态中，因此带来了各种情绪变化。有的妈妈知道去控制和舒解，有的妈妈则成为情绪的俘虏喜怒无常。此刻胎宝宝就在经历"暴风雪"。

　　美国的内分泌医师迪帕克·恰帕拉，在其著作《量子治疗》中写道："我们生命中所体验的每一样事物，包括记忆情绪、思绪和激动，都存储在我们的每个细胞内。女性若不愿意表达或释放个人情绪，那么，这些情绪便会通过细胞层次存储在身体某处，并对身体带来影响。"

● 胎儿51%潜在智力**受母体环境控制** ●

1997年，匹兹堡大学医学院的一个精神病学教授伯尼·德福林，在进行智商的研究中发现，在智商的决定因素中基因仅仅占到48%，智力中真正的遗传成分仅占34%。德福林又发现，产前发育的条件对智商有极大的影响，它揭示出，一个孩子51%的潜在智力被妈妈在孕期所处的环境因素控制。这个结论意味着我们怀孕期的父母在妊娠过程中的情绪及生活处理方式会影响孩子的智力，这些智商变化不是偶然事件，与他们直接相关的是一个焦虑紧张的大脑内不正常的血流量。

在意大利的国家产前教育协会曾有一段视频，它生动地说明了父母和未出世孩子之间，相互依存的关系，在视频中，准父母大声争吵，而准妈妈同时在做超声波图，争吵开始时你可以清晰地看到孩子跳动，当玻璃破碎的声音打断了争吵声，受惊的胎儿弓着身子跳起来，好像是在蹦床上一样。

现代科学已经证明，生活在妈妈腹中的宝宝是一个有感觉并能对外界变化做出一定反应的小生命，它不仅具有皮肤感觉、肢体活动、呼吸运动、发声等能力，还会不由自主地受妈妈生理、心理变化的影响，产生类似情绪的反应。

正是基于这些发现，各种胎教方法应运而生，很多准爸爸准妈妈都希望通过胎教，使自己的宝宝变得更聪明。

其实，"胎教"并非意味着宝宝从妈妈那儿受到了教育，而是指母体的各种变化（主要是心理状态和情绪变化）对宝宝生长发育所产生的良好影响。研究显示，准妈妈怀孕期间的心情变化，不仅会影响自身状态，而且还对腹中宝宝的发育以及成年后的性格、心理素质有直接影响。因此，最好的胎教就是准妈妈在怀孕的过程中要始终保持着良好的心境，这就是"怡情"。

"怡情"，倡导通过调整孕妇身体的内外环境，不大喜大悲，不让自己的情绪剧烈波动变化，免除不良刺激对胎儿的影响，使宝宝的身心发育更加健康、成熟。

● 孕期，准妈妈**有点喜怒无常** ●

　　很多人都认为，孕期应该是女性一生中最幸福的时期。事实上，很多准妈妈在孕期都会有很多烦恼，将近10%的女性甚至有程度不同的抑郁。而正是因为这种错误的认识，使家人和医生都忽视了对孕期准妈妈情绪变化的关注。可如果这样的坏情绪没有得到充分重视和及时治疗，往往会给胎儿带来不良后果。

　　整个孕期，由妊娠引起的一系列生理变化和生活角色的转换会使准妈妈产生一定的心理压力，在怀孕的不同阶段，心理压力的原因也不尽相同。

孕早期

1　担心流产

2　意外妊娠，没有做母亲的心理准备

3　服药后担心胎儿健康

4　早孕反应带来的疲劳与不适

5　与工作的矛盾，怕影响工作、职位

孕中期

1　孕期各种并发症带来的烦恼

2　糖唐筛查的纠结

3　夫妻生活上的冷淡

4　体重和体形的变化也会令自己开始有产后恢复的隐忧

孕晚期

1　分娩疼痛和侧切问题

2　母乳是否能成功

3　宝宝出生后的养育问题

4　与家人（主要是长辈）在坐月子方面的观念冲突

造成准妈妈心理压力的原因，除了上述社会环境因素以外，生理上的改变也是一个重要原因。孕期，准妈妈体内的雌激素会出现明显变化，而雌激素的高低对女性的情绪有很大影响：当雌激素降低时，女性的情绪就容易波动、不安、低落。孕期雌激素的大起大落，导致准妈妈很容易产生各种异常心理表现，她们常常会为一点小事而感到委屈，甚至伤心落泪。有时候，家人会觉得怀孕后女性会变得比较"作"，就是这个原因。

大量调查资料表明，当准妈妈处在恐惧、愤怒、烦躁、哀愁等消极情绪中时，身体各部分机能会发生明显的变化，从而导致血液成分的改变。研究表明，在情绪好的时候，孕妇体内可分泌一些有益的激素、酶和乙酰胆碱，这些成分都有利于宝宝的正常生长发育；而在情绪不佳时，则会产生肾上腺皮质激素，这些激素会随着血液循环进入胎儿体内，使胎儿产生与母亲一样的情绪。如果准妈妈的情绪过于紧张，肾上腺皮质激素会大量分泌，然后通过胎盘影响胎儿大脑的正常发育，甚至导致胎儿畸形、早产。

了解了孕妇心理情绪变化对宝宝的影响后，为了宝宝的身心健康，准妈妈就必须学会自我心理调节，善于控制和缓解不健康的情绪，保持稳定、乐观、良好的心境，努力为宝宝创造一个安定、舒适的环境。准爸爸也应该在精神上给妻子以安慰，让她们放松情绪，尽量以一种平和宽容的态度对待生活中的一切消极因素。

怀孕是准妈妈从一个女性走向成熟的重要标志，它意味着母亲生涯的开始，未来的妈妈们应该感到幸福和自豪。愿我们的准妈妈能以稳定的心理、轻松愉快的情绪，保持良好的心态，迎接自己可爱宝宝的到来。

准妈妈孕期不同情绪对宝宝的影响

母亲的精神情绪，不仅可以影响本人的食欲、睡眠、精力、体力等几方面的情况，而且可以通过神经系统的反应影响体液的变化，更进而影响胎儿的血液供给、胎儿的心率、胎儿的呼吸和胎儿的运动等许多方面的变化。所以，从母亲自身角度对胎儿实施胎教，就必须维护并影响母亲，使她经常处在一个稳定的平和心态，保持轻松而愉快的精神状态，这对孩子未来的性格行为的形成可能有着良好的影响。因此，可以认为好性格的培养，健康身心的成长都是从胎儿期开始，并在很大程度上依赖于准妈妈在孕期的良好情绪。

无论是否在孕期，人类的情绪，都可以借由多种手段和介质来调节。对于处于孕期的准妈妈而言，更可以巧妙地利用多种胎教方法和形式对情绪进行调整；换个角度说，我们所有的胎教行为，其实其核心正是在努力帮准妈妈达成一种好的情绪状态，进行优质的母儿沟通。

● 积极情绪——促进胎宝宝生长发育 ●

1.快乐积极的情绪会促进准妈妈身体分泌良性激素让准妈妈的身体处于最佳状态，十分有益于胎盘的血液循环供应，促使胎宝宝稳定地生长发育，不易发生流产、早产及妊娠并发症。

2.准妈妈稳定情绪的保持，可以使胎宝宝在子宫里的活动缓和而有规律，器官组织进行良好分化、形成及生长发育，尤其是对脑组织发育。

3.宝宝出生后，性情平和，情绪稳定，不经常哭闹，能很快地形成良好的生物节律，如睡眠、排泄、进食等，一般来讲智商、情商较高。

● 消极情绪——胎儿易发生发育畸形 ●

1.准妈妈情绪暴躁或过度悲伤，在体内产生的有害物质可使准妈妈血压升高，发生暂时性子宫–胎盘血液循环障碍，导致胎宝宝一时性缺氧而影响身心正常发育。

2.情绪一直处于这类状态的准妈妈生育的宝宝，出生往往体重轻、好动、爱哭闹、睡眠不良。经常发生消化系统功能紊乱，容易患其他疾病的可能性增高，环境适应差，幼儿时期常常发生行为问题以及学习困难。

3.准妈妈若是情绪极度不安，如在早孕7~10周内，是胚胎腭部和脏器发育关键时期，就会引起兔唇、腭裂、心脏有缺陷等畸形；在妊娠后期，可使胎动过速（可达正常胎动的10倍）、子宫出血或胎盘早期剥离，引发早产、胎儿死亡等。

艺术胎教： 电影欣赏

电影如今是一类艺术形式，它是以画面和音响为媒介，在银幕上创造出感性直观的形象，再现和表现生活的一门艺术。在电影中，无论是对白语言、光影变化、画面构图、镜头处理还是音乐背景等，都是一种综合性的欣赏艺术。更重要的是，电影在故事情节上也会有巨大的张力和冲突，能在很大程度上激发我们作为观者在内心对真善美的感知，在各种各样的影片中，我们都会产生愉悦的、兴奋的、失落的、感伤的情绪，这些丰富的情绪起伏其实对于宝宝也都是有好处的。

在孕期，准妈妈可以根据自己的时间和心情来安排欣赏电影的时间，也可以根据自己对主题和风格的喜好选择欣赏的电影，无论是哪种电影，都可以在观看过程中，潜移默化中提升我们审美能力，影片的创意也无处不在地冲击着我们的视觉与想象，除了能给我们内心以完全不同的享受与震撼，更有可能让我们重新审视我们因为孕育而变化的人生。

建议准妈妈可以与准爸爸相约每周一起看一部电影。看完一起交流一下观后感，也许会让你发现准爸爸深沉又哲学的另一面呢！

●《音乐之声》●

这是一部改编自玛丽亚·冯·崔普（Maria von Trapp）的著作《崔普家庭演唱团》，这也是本次孕期电影的核心推荐理由之一。无论是孕育生活还是胎教活动还是未来的家庭教育和生活，家庭和父母的参与都非常重要，陪伴孩子比给他们丰富的物质更值得。在电影中我们看到孩子们淋漓释放的天性，他们追求自由、性格多变，作为一个准妈妈，面对孩子时，我们要做好朋友，做姐姐，做老师，做家长……无论怎样，我们将开始一段幸福的挑战，不要想控制他们，而是跟他们一起成长。音乐能激起内心深藏的情感和无法掩饰的忘我，让我们轻轻地哼浅浅地唱。跟着电影一起沉浸在音乐和美好的亲情与爱情里，找到自己，找到我们内心对自由与爱的渴望。

●《当幸福来敲门》●

这部电影最令人动容的是暖暖的父子之情。这也是给如今父亲在孩子成长过程中的缺位现象是一个非常重要的提示与示范。跟诸多电视真人秀节目一样，社会也在提示父亲在孩子的成长过程中对其影响的深远意义。父母是孩子的模范与模样，父母的勇敢乐观、积极心态和乐善好施，都将成为孩子人生底色和生存能力，并最终会用另一种方式回报于父母。如果你知道姜文与自己儿子的野蛮生长的故事，那么你将会对本片中那些风餐露宿和不公对待莞尔一笑，因为这是如此珍贵的挫折体验。人生是一座宝藏，每一段经验的结果都是一枚闪亮的勋章，让我们与孩子一起，快乐地走在成长的路上！

● 《天堂电影院》 ●

《天堂电影院》是导演重现了自己儿时与电影的记忆。在这部电影的看点一，在一个小男孩的成长历程，让我们相信兴趣是最好的老师，甚至可以成就我们这一生的事业，给我们的提示是：找到并坚持自己的兴趣是人生最重要的快乐，当然也记得珍视未来宝宝的兴趣。看点二，热爱电影的小男孩和老放映师的忘年之交，没有目的没有成绩只有承诺和最稳妥的呵护，值得珍藏一生。看点三，回归亲情，妈妈为了等他回来再也不锁门，这是每个父母对孩子最大的接纳和守候。学会做父母是一生的功课。

● 《蝴蝶》 ●

1839年西班牙一位昆虫学家发现了稀有品种的蝴蝶，决定以西班牙女王"伊莎贝拉"来命名，她被誉为全欧洲最美丽、最罕见的蝴蝶，只有3天3夜的寿命，蓝绿色的翅璀璨无比，展幅约为巴掌大，飞翔时间从黄昏到子夜，每年5~6月间羽化，活动范围限于海拔5400英尺山区松林旁的旷野，交配周期一年只有10天，之后便消失无踪。传说中只要向"伊莎贝拉"许愿，她便会将愿望带上天堂，令美梦成真！在《蝴蝶》这部电影里，有"伊莎贝拉"破蛹而出的珍贵画面，长达4分钟，难得一见。

● 《放牛班的春天》 ●

《放牛班的春天》是一部可能令人因为喜悦而动容的电影。它的出现创造了法国电影新概念——阳光情感电影。也不难理解为什么会被誉为法国人的"心灵鸡汤"。《放牛班的春天》里的孩子与《音乐之声》里那一家孩子有异曲同工之妙，都深刻地诠释孩子的天性与释放，也在给成年人与教育者以思考和诘问：到底什么是真正的尊重和教育。在影片结束的身影与音乐中，也许会让我们内心升起淡淡的希望：无论是父母、家庭、学校还是社会，好的教育的确可以改变孩子的人生，当然先从自己做起吧！

● 《孕期完全指导》 ●

推荐这部电影，很大程度上是因为剧本的故事写的就是极有针对性的一群人，备孕的、怀孕的、不孕的、多胎的；全职太太、未婚妈妈、职场女性……真是孕育生活的众生相哦。仅是因此都会赢得许多有过经历或正在经历人的共鸣与欢笑；如果你正在其中，也一定会在众多角色中看到自己的身影。最有亮点的还是奶爸联盟，他们的对话很有笑点，同时你会看到，在这一场孕育中，准妈妈们在身体上经历巨大的变化，而准爸爸们则是在内心迅速而急迫地成长，我们应该为这一群不简单的男人喝彩吧！

● 《浓情**巧克力**》 ●

仅是这个片名，是不是都有让你感觉到芳香且醇厚、甜蜜又微苦的那种吸引呢？这是一个与传统爱情片稍稍有一点不同的故事，你可以喜欢这影片里的男女主角，约翰尼·德普和朱莉娅·比诺什；也可以喜欢他们每个人承载的精神。温暖热情且有魅力的巧克力代表着天性解放的快乐，而片中好心肠但思想封闭的小镇居民，或者可以代表我们内心的保守和他人封闭的拒绝。总之，情绪不佳时，来块巧克力吧，或者可以跟先生一起去DIY巧克力，因为它有让人快乐的魔力，准妈妈可以适当吃黑巧克力，据国外研究这样的宝宝性格好呢。

● 《马利**和我**》 ●

这是一部美式轻喜剧，爱狗狗的准爸妈一定会喜欢。片中顽皮捣乱的马利，在犯错之后无辜的小眼神，简直让喜欢狗狗的人心都化啦！因它而起的各种闹剧，让你享受快乐的时刻，更重要的是它的存在也考验了一段美好爱情。这是一个不需要思考的电影，放下因为孕期在内心生出的隐忧吧，人与宠物的和谐的确是让我们心里暖暖的。不过，在这里还是想提醒在孕期养宠物的准父母，为了安全起见可以暂时托管，等宝宝出生后长大一些再回归也是一件不错的事情。

● 《三傻大闹**宝莱坞**》 ●

这是近些年印度出品的为数不多的好电影之一。无论从影片的结构、精巧程度、演员的表演和歌舞来说，都是一部比肩好莱坞大制作的喜剧片，影片中混搭了现代街舞风格和印度传统舞特色的歌舞，让人眼前一亮，也是给宝宝的一次艺术胎教哦。这部电影内容绝不像其略显悲催的译名一样，喧闹而无聊，电影轻轻地把我们拉回了告别还不太久的校园时光，电影中对当代教育的批判多是在轻松诙谐的桥段中带过，带得出回忆也勾得起笑容。这是一次不浪费时间的欣赏。

● 《叫我第一名》 ●

　　主人公布拉德·科恩，一个乐观向上的天生患有妥瑞氏症的男人。布拉德·科恩会经常性的无法控制自己发出怪声和脖子抽动。当他上小学的时候常因为发出奇怪的声音被老师批评，被同学欺负。这使他感到非常的苦恼和难受。而校长的一席教育，打开了布拉德·科恩通往全新世界的一扇门。从那时起布拉德·科恩希望成为一名优秀的老师。为此他不懈地努力着。遭遇了无数的失败和冷嘲热讽。最终实现了自己的梦想，同时也找到了属于自己的爱情。

● 《八月迷情》 ●

　　这部电影就算你放下其中关于爱情和亲情的桥段，也非常值得一看，仅是其中的音乐都足以启动你对这部电影的热情。所有电影在其艺术化的情节和冲突部分，不仅吸引我们也牵引出我们内心对真善美的追求。因此，我更愿意把这部电影看作一个现代版童话，也难怪这部电影的另一部译名叫《星月童话》。影片中摇滚乐，交响乐，流行乐，原来相差悬殊的音乐类型可以美妙自如地转换；创造出来的灵动音符再糅合黑人唱诗班柔滑细腻的伴唱原来可以自由飞翔。完美的结局让我们再次相信爱的力量！

● 《雨人》 ●

　　《雨人》是巴里·莱文森1988年执导的一部剧情电影，由达斯汀·霍夫曼和汤姆·克鲁斯主演。影片中，查理·巴比特发现父亲将遗产留给了患自闭症的哥哥雷蒙·巴比特，便计划骗取这笔财富，并计划利用哥哥超强的记忆力去赌博赢钱，但在此过程中，血缘的亲情打破了原有的疏离，真挚动人的手足之情取代了查理原先只求一己利益的私心。

● 《我的左脚》 ●

　　首先这是一个有人物原型的电影，所以，特别值得一看。主角是一个被大部分家人放弃的残疾孩子，重要的是，他的母亲没有放弃他，他自己也没有放弃自己。有人说这是一部励志片，但我个人却更愿意把重心放在"亲情"上。母爱是无条件的接纳，我们常常不相信奇迹，但，母爱的确可以创造出无数奇迹。之所以推荐准妈妈看，是因为没有一个女性天生会做母亲，我们能在电影中找到一个母亲成长的原则或路径，爱，是给孩子最需要的而不是你认为最需要的。孕育阶段母爱真正的体现更应该是坚定母乳喂养和自然分娩的信心。

● 《帝企鹅日记》 ●

　　电影的一种分类就是纪录片。本片是2005年法国生态纪录片，记录了南极洲的皇帝企鹅每年为了生存和繁衍而进行的艰苦的繁衍过程，它结合了爱、勇气、冒险与戏剧化的元素，在观赏中我们不觉间总会把它们人类化甚至是家庭化。导演吕克·雅克本是自然学家，相信他是以生物进化的角度去观察每一个生命，并记录其璀璨的。关于纪录片，还推荐准妈妈欣赏《地球》、《海洋》、《迁徙的鸟》等，了解自然能够让我们更加珍惜我们的生命及我们的家园——地球。父母的世界观会直接塑造一个孩子的心灵。

● 《忠犬八公的故事》 ●

　　《忠犬八公的故事》改编自1933年发生在日本的真实故事，1987年拍成日本电影《忠犬八公物语》，由仲代达矢主演，该片当年曾在日本引起轰动。2009年12月，该片的美国版本上映，由导演莱塞·霍尔斯道姆执导。电影的原型为1924年秋田犬八公被它的主人上野秀三郎带到东京。每天早上，八公都在家门口目送着上野秀三郎出门上班，然后傍晚时分便到附近的涩谷火车站迎接他下班回家。一天晚上，上野秀三郎并没有如常般回到家中，他在大学里突然中风，抢救无效死了，再也没有回到那个火车站，可是八公依然忠实地等着他。它多次被收养，但每次都逃出，回到火车站，孤独地守候着，直到去世。

● 《里约大冒险》 ●

与其说我推荐《里约大冒险》这部电影，更不如说，我推荐准妈妈们可以适当选择看一些经典动画片。首选美国动画片，日本的也不错，本国可选择性观看。另外，动画片绝对不是只给小朋友的，它是很多城市人进行心灵按摩的一种极好的方式。没有教化不用思考，只是最简单的逻辑让我们收获至真、至善、至美的感动。值得一提的是，动画片中的创意、画面、音乐甚至是对白都是绝对有欣赏价值的。

● 《大鱼》 ●

《大鱼》是一部奇幻题材的影片，是从孩子的视角在讲爸爸传奇的一生。你看，爸爸对孩子的影响有多大！我们也许难于想象，每个孩子都曾认为爸爸是自己的整个世界！电影情感丰沛且丰富有趣，我们其实都是那样长大的。推荐此片的重要意义在于，我们应当了解，孩子的世界都是光怪陆离充满幻想，所以他们在七八岁都会希望探索地球以外所有未知的世界，然而后期不适的教育会慢慢摧毁他们内心最生动的理想。爱因斯坦说，想象力能概括世界的一切，并能推动世界。从胎教的角度而言，我们通过艺术创造和艺术欣赏的方法，充分启动自己和宝宝的右脑。未来由他们改变世界就成为可能！

● 《莫扎特传》 ●

之所以推荐这部影片，最核心的目的在于给在做艺术胎教的准妈妈一个重要的思路，如果我们想要听懂音乐，应当先去了解其作者的生平，因为每一个艺术作品都呈现出作者深刻的人生和性格烙印（当然这部电影呈现的主角都有被艺术化和戏剧化的部分）。这是增强个人艺术审美的方法和角度。就如同我们去欣赏凡·高或是毕加索的画一样，画的主题与技法都有明确的时代背景和人生底色。

必须要说的一点是我们不应该过分迷信音乐胎教里的"莫扎特效应"，而莫扎特的音乐也并不是全部适用于音乐胎教的，看完《莫扎特传》你一定知道是什么原因啦！

营养胎教：关于孕期营养的五个误区

用心去做胎教才会有效果，胎教是一个充满乐趣和情趣的活动，如果是强逼自己做胎教，那是绝对不会有效果的。营养胎教也是一个道理。

● 禁止强行饮食 ●

要是因为没有吃过而强行进食的话，那是一种特别愚蠢的行为。我特别同情捏着鼻子吃婆婆家送来的鲱鱼的那些孕妇。虽然饭是一种补药，但是如果强行进食那就绝对不是补药。正确的营养胎教是，即使是一顿普通饭菜也要吃得可口而精细。

● 禁止盲目跟随潮流 ●

不要过于敏感电视或者杂志里"流行风"的饮食。DHA也是一样的。有很多人都说金枪鱼里含有的DHA非常补脑，所以很多人都争着抢着要吃DHA含量高的食品。DHA确实是占构成脑的约10%的脂肪。但是如果孕妇不喜欢吃金枪鱼，那又何必勉强自己呢？她可以吃平时爱吃的鱿鱼也无所谓的。

● 不要迷惑于俗话当中 ●

世上有很多关于怀孕的俗语。但事实上，那些俗语中有很大一部分是子虚乌有的。比如说，即使产月里吃鸭子肉，也并不会生出五指并拢的宝宝。并且即使吃了喜鹊肉也不会生出淫乱的孩子。所以我们没有必要轻信那些似是而非的俗语。

那如果我们想进行有效的饮食胎教，我们应该注意哪些问题呢？我认为首先需要我们注意并用实践证明这些问题。

● 只能吃对孕期有益**的食物** ●

在胎儿不缺少营养的情况下，可以吃些自己喜欢并且感觉可口的东西。但是那些妊娠反应现象特别严重的妈妈们，因为她们没有食欲，所以有可能因为吃不进东西导致宝宝发育问题而倍感焦虑。如果你本身就喜欢甜或辣的口味，少吃一点满足一下你的味蕾也未尝不可。

● 根据各怀孕阶段**调节饮食** ●

营养胎教中最简单的方法就是按照怀孕阶段调节饮食菜单。

怀孕初期

这时最重要的原则就是选择一些容易消化并且容易让自己找回食欲的料理。因为这个时期胎儿需要的营养成分比其他阶段相对要低，所以你可以摄取一些符合自己口味的，或者营养成分均匀的食物。

其实妊娠反应现象最严重的时候才是一个问题。这个时期，你可以多喝一些甜的饮料、矿泉水、果汁等。并且早上吃一些简单的快餐或者面包等东西。要是因为妊娠反应而导致一天不吃东西，那将会对孕妇和胎儿都造成不良影响。

这个期间最需要的营养因素是蛋白质和钙。因为这个时期是胎儿成长并分化各个器官的过程，其中脑细胞发育特别快速，所以，为了胎儿脑形成的后期需要，妈妈有必要持续摄取蛋白质。

对补脑的蛋白质成分都有谷胱甘肽（glutathione）和牛磺酸（taurine）。内脏汤、新鲜的生鱼片都富含这些物质。但是如果摄取了过量的动物性蛋白质就会带来肥胖症，所以我们并不主张过多地吃此类食品。而如果你不喜欢吃肉类食品，那就可以多吃一些大豆和豆制品等植物性蛋白质含量多的食物。

怀孕中期

这个时期最关键的就是摄取营养。即使妊娠反应期结束并恢复了食欲，但你也要大量摄取一些铁。因为胎儿是通过吸收铁来制造血液的。

但是即使你的食欲恢复正常，你也不可以大吃大喝，因为那样会导致体重增肥而对胎儿不利。假如你的体重每月增肥达到1千克以上时，你就应该调整一下饮食量。

怀孕后期

这个时候，大家对营养胎教也熟悉了。所以这个时期你应该不仅考虑营养的均匀摄取，并且还要为了解决自己的便秘、消化不良等问题，进行合理地调节饮食习惯。这个时期，不用一定一天吃三顿饭，而是只要你想吃的时候就去吃。因为怀孕后期最大的问题就是便秘，所以有必要多喝一些乳酸菌饮料、蔬菜、水果等纤维素含量高的食物并提前进行预防。

孕四月的发育和身体变化

胎儿的发育

胎儿指标	
胎重	40～160克
胎长	10～18厘米
器官	内脏发育大致完成。皮肤逐渐变厚不再透明，皮肤开始长出胎毛。听觉器官基本完善，对声音刺激开始有反应
面部五官	胎儿已经完全具备人形，头部渐渐伸直。脸部已有了人的轮廓和外形；下颌骨、面颊骨、鼻梁骨等开始形成，耳郭伸长
四肢	肌肉、骨骼继续发育，胎儿已能开始做不少动作，如吸吮手指、皱眉头、做鬼脸等
胎动	这时胎儿活动并不强烈，准妈妈还未能感觉到胎动

准妈妈的身体变化

项目	表现
体重	之前下降的体重逐渐回升
子宫	由于子宫已如婴儿头部般大小，因此准妈妈的下腹部已渐渐隆起
乳房	准妈妈已能感到乳房的增大，并且乳周发黑，乳晕更为清晰。有的甚至乳头已经可以挤出一些乳汁了
妊娠反应	早孕反应自然消失，准妈妈身体和心情舒爽多了
注意事项	注意预防便秘、贫血，这个月营养补充很重要

● 孕四月 需要重点补充的营养 ●

从这个月开始，胎儿开始迅速生长发育，每天需要大量营养素，尽量满足胎儿及母体营养素存储的需要，避免营养不良或缺乏的影响。除了和之前一样补充蛋白质和碳水化合物，本月还要重点补充锌、钙、铁等营养素。

主打营养锌不可缺

这个月准妈妈需要增加锌的摄入量。准妈妈如果缺锌，会影响胎儿在宫内的生长，会使胎儿的脑、心脏等重要器官发育不良。缺锌会造成准妈妈味觉、嗅觉异常，食欲减退，消化和吸收功能不良，免疫力降低，这样势必造成胎儿宫内发育迟缓。富含锌的食物有生蚝、牡蛎、肝脏、口蘑、芝麻、赤贝等，尤其在生蚝中含量尤其丰富。补锌也要适量，每天膳食中锌的补充量不宜超过45毫克。

维生素A适量摄取

维生素A可以帮助细胞分化，对眼睛、皮肤、牙齿、黏膜的发育是不可缺少的，但是摄取过量也会导致唇腭裂、先天性心脏病等缺陷。准妈妈应购买准妈妈专用的综合维生素A。富含维生素A的食物有胡萝卜、鱼肝油、猪肝等。

摄入足够的钙

从这个月，胎儿开始长牙根，需要大量的钙元素。若钙的摄入量不足，准妈妈体内的钙就会向胎体转移，从而造成准妈妈小腿抽筋、腰酸背痛、牙齿松动等症状，胎儿也往往牙齿发育不健全。奶和奶制品是钙的优质来源，而虾、虾皮、海带、大豆等也能提供丰富的钙质。对准妈妈来说，每天对钙的摄取量应该为1000 ~ 1200毫克。

●这些食物**可以多吃**●

食物名称	食物功效
麦片	麦片不仅可以让准妈妈保持一上午都精力充沛，而且还能降低体内胆固醇的水平。不要选择那些口味香甜、精加工过的麦片，最好是天然的，没有任何糖类或其他添加成分在里面
脱脂牛奶	怀孕的时候，准妈妈需要从食物中吸取的钙大约比平时多1倍。多数食物的含钙量都很有限，因此孕期喝更多的脱脂牛奶就成了准妈妈聪明的选择
瘦肉	铁在人体血液转运氧气和红细胞合成的过程中起着不可替代的作用，孕期准妈妈的血液总量会增加，以保证能够通过血液供给胎儿足够的营养，因此孕期对于铁的需要就会成倍地增加。如果体内储存的铁不足，准妈妈会感到极易疲劳。通过饮食补充足够的铁就变得尤为重要。瘦肉中的铁是供给这一需求的主要来源之一，也是最易于被人体吸收的
全麦饼干	这种小零食有很多用途：早上准妈妈可以在床上细细地咀嚼它，能够非常有效地缓解孕吐反应；上班的路上，在车里吃上几块，可以帮助准妈妈打发无聊的时间；办公室里当准妈妈突然有了想吃东西的欲望，它就在准妈妈身边，方便而且不会引人注意
柑橘	尽管柑橘类的水果里90%都是水分，但其中仍然富含维生素C、叶酸和大量的纤维，能帮助准妈妈保持体力，防止因缺水造成的疲劳
豆制品	对于那些坚持素食的准妈妈，豆制品是一种再好不过的健康食品了。它可以为准妈妈提供很多孕期所需的营养，例如蛋白质
全麦面包	把准妈妈每天吃的精粉白面包换成全麦面包，准妈妈就可以保证每天20~35克纤维的摄入量。同时，全麦面包还可以提供丰富的铁和锌
坚果	坚果所含的脂肪对于胎儿脑部的发育是很重要的，准妈妈适量吃些坚果绝对有好处。但坚果的热量比较高，因此每天应将摄入量控制在28克左右。还有一个特别需要注意的地方，如果准妈妈平时有过敏现象，最好避免食用某些容易引起过敏的食物，例如花生
花椰菜	吃这种蔬菜真是好处多多：它不仅营养丰富，而且健康美味；富含钙和叶酸，而且还有大量的纤维和抵抗疾病的抗氧化剂；内含的维生素C，还可以帮助准妈妈吸收其他绿色蔬菜中的铁

准妈妈一日的**餐单建议**

餐次	食物种类
早餐	热汤面1碗，鸡蛋1个，凉拌黄瓜适量
加餐	酸奶1杯，坚果适量
中餐	米饭100克，虾仁西葫芦100克，松仁玉米100克，空心菜适量
加餐	香蕉燕麦粥适量
晚餐	糖醋带鱼100克，凉拌土豆丝50克，米饭适量

☑ **替换方案**

早餐可换为芝麻烧饼、拌金针菇、液体食物为豆浆或鲜榨果汁。

上午的加餐，可换为一个煮鸡蛋。

午餐的空心菜可改为莜麦菜，并可添加海带排骨汤。

下午的加餐可改为柠果1个和适量坚果。

晚餐的米饭可替换为小米红枣粥。

一周饮食**搭配示例**

	早餐	午餐	晚餐
周一	牛奶、枣泥糕、水果	米饭、糖醋鱼、凉拌皮蛋豆腐	豆沙炸糕、八宝粥、青椒土豆片
周二	牛奶、土司、火腿、草莓	二米饭、冬菇菜心、猪蹄黄豆汤	韩式拌饭、酱汤
周三	豆浆、鸡蛋灌饼、水果	紫米饭、鱼羊一锅汤、清炒莜麦菜	玉米面粥、小笼包、番茄炒鸡蛋
周四	牛奶、藕合饼、水果	生菜包饭、黄豆排骨汤	二米饭、清蒸甲鱼、扒油菜
周五	牛奶、肉松面包、水果	米饭、猪肉焖海带、糖醋心里美	豆馅儿包子、拌金针菇、二米粥
周六	酸奶、发糕、水果羹	米饭、糖醋番茄、牛肉烧萝卜	紫米粥、豆沙炸糕、素什锦
周日	豆沙包、鸭蛋、紫米粥	米饭、东坡羊肉、蒸鱼片豆腐	水果沙拉、牛奶、煮玉米

● 孕五月的发育和身体变化 ●

胎儿的发育

胎儿指标	
胎重	160~300克
胎长	18~25厘米
器官	这个月，胎儿的循环系统、泌尿系统开始工作。心脏的跳动有所增强，感觉器官开始按照区域迅速地发展
面部五官	此时胎儿的头已占全身长的1/3，耳朵的入口张开；牙床开始形成；头发、眉毛齐备。胎儿的听力和视网膜也形成了
四肢	手指、脚趾长出指甲，并呈现出隆起，胎儿还会用口舔尝吸吮拇指，手足的运动更加活泼
胎动	孕16~20周是刚刚开始能够感知到胎动的时期。这个时期的宝宝运动量不是很大，动作也不激烈。随着胎儿的成长，胎动会非常频繁

准妈妈的身体变化

项目	表现
体重	孕吐情形会完全消失，身心处于安定时期。准妈妈最少增加了2千克体重，有些也许会达到5千克
子宫	此时可测得子宫底高厚度在耻骨联合上缘的15~18厘米处
乳房	乳房比以前膨胀得更为显著
注意事项	监测胎动

● 准妈妈一日的 **餐单建议** ●

餐次	食物种类
早餐	番茄鸡蛋面1碗，酱猪肝少许
加餐	酸奶1杯，坚果适量
中餐	米饭100克，木耳娃娃菜100克。清炒蚕豆50克，糖醋排骨适量
加餐	桃子1个，坚果类适量
晚餐	奶酪烤鸡翅50克，腊肠炒荷兰豆100克，红薯汤1碗，米饭适量

☑ 替换方案

早餐可换为混沌搭配可口小菜。

上午的加餐，可换为一个煮鸡蛋。

中午的木耳娃娃菜可改为茄子，并可添加紫菜蛋花汤。

下午的加餐可改为草莓。

晚餐的米饭可替换为小米粥。

● 一周饮食 **搭配示例** ●

	早餐	午餐	晚餐
周一	金银卷、牛奶、黄瓜蘸酱、苹果	米饭、炖羊肉条、青豆炒虾仁、海米海带汤	二米饭、盐水毛豆、猪肝炒芹菜
周二	牛奶、无水蛋糕、水果羹	煮玉米、米饭、锅塌番茄	烙饼、牛肉烧豆角、海带骨头汤
周三	豆浆、馒头、拌海带丝	紫米饭、凉拌茄条、冬瓜炖羊肉	饺子、熏干小白菜、牛奶豆腐
周四	馄饨、水果、牛奶	米饭、炒豆腐皮、清蒸鲫鱼	紫米粥、牛奶丸子西蓝花、水果沙拉
周五	牛奶、蛋黄派、水果	米饭、油保虾丁、菠菜汤	猪肝粥、炒小白菜粉
周六	牛奶、土司、番茄酱	米饭、肉炒蒜苗、炒鸭肝	煮玉米、二米粥、烧鱼丁
周日	馄饨、酸辣竹笋、水果	米饭、芙蓉鸡片、牛肉炖柿子	银耳粥、莲蓉包、水果羹

●孕六月的发育和身体变化●

胎儿的发育

胎儿指标	
胎重	300~800克
胎长	25~28厘米
器官	本月胎儿已经能够听到声音了，呼吸系统正在快速地建立，宝宝在这时候还会不断地吞咽
面部五官	此时的胎儿就像一个小老头，皮肤是皱的，红红的。眉毛和眼睑清晰可见。牙齿在这时也开始发育了，主要是恒牙的牙胚在发育
四肢	胎儿的体重不断增加，骨骼更结实。身上覆盖了一层白色的、滑腻的物质——胎脂。胎儿在子宫羊水中游泳并会用脚踢子宫，羊水因此而发生震荡。手指和脚趾也开始长出指（趾）甲
胎动	胎动越来越剧烈，胎儿有时会猛踢子宫壁

准妈妈的身体变化

项目	表现
体重	体重越来越重，大约以每周增加250克的速度在迅速增长
子宫	子宫进一步增大，子宫底已高达脐部
乳房	乳房越发变大，乳腺功能发达
注意事项	留意腿部抽筋、水肿、胎盘早剥等，保证睡眠

● 孕六月 需要重点补充的营养 ●

保证足量的优质蛋白质

孕中期是母体和胎儿发育的快速时期，尤其是胎儿脑细胞分化发育的第一个高峰。准妈妈每日应在原基础上增加15克蛋白质，一半以上应为优质蛋白质，来源于动物性食品和大豆类食品。

增加维生素的摄入量

孕中期由于热量的增加，物质代谢增强，相应地需要增加B族维生素和尼克酸的摄入量。为了防止巨幼红细胞性贫血的发生和胎儿发生神经管畸形，维生素B_{12}和叶酸的摄入量亦需增加，为了胎儿骨骼的发育，维生素A和维生素C需要量都需加大。为此，孕中期准妈妈应在主食中加粗、杂粮，经常选用动物内脏，多食用新鲜蔬菜和水果。

多吃无机盐和微量元素丰富的食物

准妈妈应多选用富含钙、铁、锌的食物，有些地区还要注意碘的供给。孕中期应每日饮奶，经常食用动物肝脏、水产品和海产品。植物性食品首选豆制品和绿叶蔬菜。

继续补充铁

对于贫血，准妈妈不可掉以轻心。在这个月，准妈妈的循环血量增加，容易出现生理性贫血。因此，继续补充含铁丰富的食物对准妈妈来说很重要。含铁丰富的食物有动物肝脏、蛋类、瘦肉、黑木耳、黑芝麻等。

● 孕六月 **的饮食** ●

奶、豆制品

牛奶、酸奶也富含钙，还有蛋白质，有助于胃肠道健康。有些准妈妈有素食的习惯，为了获得足够的蛋白质，就只能从豆制品获得孕期所需的营养。

蔬菜

做西餐沙拉时不要忘记加入深颜色的莴苣，颜色深的蔬菜往往意味着维生素含量高。甘蓝是很好的钙来源，准妈妈可以随时在汤里或是饺子馅儿里加入这类新鲜的蔬菜。

瘦肉

因为瘦肉富含铁，并且易于被人体吸收。怀孕时准妈妈血液总量会增加，为的是保证供给胎儿足够的营养，因此准妈妈对铁的需要就会成倍地增加。如果体内储存的铁不足，准妈妈会感到极易疲劳，通过饮食特别是瘦肉补充足够的铁就极为重要。

水果

水果种类很多，经济而又实惠的柑橘，尽管90%都是水分，但富含维生素C、叶酸和大量的纤维，可以帮助准妈妈保持体力，防止因缺水造成的疲劳。如果你的孕吐很严重，吃香蕉则较为容易为自己的胃所接受。

干果

花生之类的坚果，含有有益于心脏健康的不饱和脂肪酸。但是因为坚果的热量和脂肪含量比较高，因此每天应控制摄入量在30克左右。杏脯、干樱桃、酸角等干果，方便、味美又可以随身携带，可随时满足准妈妈想吃甜食的欲望。

准妈妈一日的**餐单建议**

餐次	食物种类
早餐	牛奶200毫升，全麦面包100克，鸡蛋1个
加餐	香蕉1根，坚果适量
中餐	米饭100克，西芹炒百合100克，胡萝卜土豆炖牛肉100克，紫菜蛋花汤1碗
加餐	橙子1个，坚果适量
晚餐	京酱肉丝50克，蘑菇烧豆腐100克，炒青菜100克，米饭适量

✓ 替换方案

早餐中的牛奶可换为花生米粥。

上午的加餐可改为苹果1个，酸奶150毫升。

午餐可用木耳炒卷心菜、煎带鱼、丝瓜鸡蛋汤代替。

晚餐的京酱肉丝可换为红烧牛肉，蘑菇烧豆腐换为番茄汤。

一周饮食**搭配示例**

	早餐	午餐	晚餐
周一	牛奶、红糖包、水果	米饭、黄豆烧猪蹄、扒三白	大米粥、猪肉包子、鸭蛋
周二	豆腐脑、馒头片、海带丝	米饭、手把羊肉、炒黄豆芽雪菜	鸡汤面、生菜沙拉
周三	牛奶、面包、水果	二米饭、虾子豆腐羹、韭菜豆芽	二米粥、蒸饼、皮蛋豆腐
周四	牛奶、烤肠、圣女果	米饭、南烧虾丁、洋葱烧海参	冬瓜干笋虾丸、扬州炒饭
周五	大米粥、花卷、豆腐脑	米饭、鱼香两样、乌鸡汤	八宝粥、炒肉白菜粉
周六	酸奶、面包、水果	米饭、酱保鸡丁、香菇油菜	米粥、醋烹土豆
周日	牛奶、面包、香肠	米饭、洋葱猪肝、清蒸茄子	小米粥、火腿炒鸡蛋、水果

●孕七月**的发育和身体变化**●

胎儿的发育

胎儿指标	
胎重	800~1200克
胎长	28~38厘米
器官	气管和肺部还未发育成熟，但呼吸动作已相当明显。男孩的阴囊明显，女孩的小阴唇、阴核已清楚地突起
面部五官	胎儿的上下眼睑已形成，鼻孔开通，大脑及眼睛、耳等感觉系统也发达起来
四肢	胎儿的四肢已经相当灵活，可在羊水里自如地游泳，胎位不能完全固定，还可能出现胎位不正
胎动	随着空间越来越小，胎动也在减弱。准妈妈腹部出现的阵发性跳动，不同于胎动，实际上就是胎儿在呃逆

准妈妈的身体变化

项目	表现
体重	准妈妈体重迅速增加，每周可增加500克
子宫	宫底上升到脐上1~2横指，子宫高度为24~26厘米
妊娠纹	肚子上、乳房上会出现一些暗红色的妊娠纹，从肚脐到下腹部的竖向条纹也越加明显
其他变化	呼吸变得急促起来，活动时容易气喘吁吁。心脏负担逐渐加重，血压开始升高。腹部已明显凸出，并伴有腰酸背痛的感觉，睡眠质量也变差了
注意事项	预防妊娠纹、妊娠高血压、妊娠糖尿病，小心早产

孕七月 需要重点补充的营养

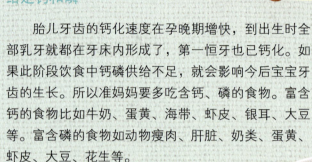

补充卵磷脂

卵磷脂能保证脑组织的健康发育，是非常重要的益智营养素。若孕期缺乏卵磷脂，就会影响胎儿大脑的正常发育，准妈妈也会出现心理紧张、头昏、头痛等不适症状。含卵磷脂多的食物有大豆、蛋黄、坚果、谷类、动物肝脏等。

给足钙和磷

胎儿牙齿的钙化速度在孕晚期增快，到出生时全部乳牙就都在牙床内形成了，第一恒牙也已钙化。如果此阶段饮食中钙磷供给不足，就会影响今后宝宝牙齿的生长。所以准妈妈要多吃含钙、磷的食物。富含钙的食物比如牛奶、蛋黄、海带、虾皮、银耳、大豆等。富含磷的食物如动物瘦肉、肝脏、奶类、蛋黄、虾皮、大豆、花生等。

补充钙与维生素E

胎儿的皮肤和生殖器的发育处在重要阶段，准妈妈体内钙的水平较低，有可能会出现抽筋的现象。因此，准妈妈应在保证全面营养的同时，注意补充钙和维生素E，可多吃点大豆、排骨汤、牛奶、玉米、胡萝卜等。

孕晚期铁元素至关重要

胎宝宝在最后的3个月储铁量最多，足够出生后3～4个月造血的需要。如果此时储铁不足，在婴儿期很容易发生贫血。准妈妈若在此时因缺铁而贫血，就会头晕、无力、心悸、疲倦等，分娩时会子宫收缩无力、滞产及感染等，并对出血的耐受力差。所以，在孕晚期一定要注重铁元素的摄入量，每天应达到35毫克。铁主要存在于动物肝脏、瘦肉和海鲜类中。增加动物性食品摄入量的同时，要多吃含维生素C的水果、蔬菜，可促进铁的吸收。

● 孕七月的饮食 ●

从第7个月开始，胎儿的身体长得特别快，胎儿的体重通常主要是在这个时期增加的。主要特点为大脑、骨骼、血管、肌肉都在此时完全形成，各个脏器发育成熟，皮肤逐渐坚韧，皮下脂肪增多。若准妈妈营养摄入不合理，或者是摄入过多，就会使胎儿长得太大，出生时造成难产。所以一定要合理地安排此期准妈妈的饮食。

饮食的调味宜清淡些

脂肪性食物里含胆固醇量较高，过多的胆固醇在血液里沉积，会使血液的黏稠度急剧升高，血压升高，严重的还会出现高血压脑病，如脑出血等。饮食的调味宜清淡些，少吃过咸的食物，每天饮食中的盐量应控制在7克以下，不宜大量饮水。

饮食要以量少、丰富、多样为主

饮食要以量少、丰富、多样为主，一般采取少吃多餐的方式进餐，要适当控制进食的数量，特别是高蛋白、高脂肪食物，如果此时不加限制，过多地吃这类食品，会使胎儿生长过大，给分娩带来一定困难。

应选体积小、营养价值高的食物

如动物性食品，避免吃体积大、营养价值低的食物，如土豆、红薯，以减轻胃部的胀满感。特别应摄入足量的钙，准妈妈在吃含钙丰富食物的同时，应注意维生素的摄入。

准妈妈一日的餐单建议

餐次	食物种类
早餐	紫菜包饭100克，鸡蛋1个，蘑菇汤适量
加餐	酸奶150毫升，苹果1个
中餐	米饭100克，清炒芦笋100克，小米蒸排骨100克，鱼头豆腐汤1碗
加餐	黄瓜汁1杯，坚果适量
晚餐	咖喱鸡肉100克，番茄炒蛋100克，米饭适量

☑ 替换方案

早餐中的紫菜包饭可用素蒸饺代替。

上午的加餐可改为牛奶250毫升，红枣3～5颗。

午餐的鱼头豆腐汤可换为鲫鱼丝瓜汤。芦笋可换为其他时蔬。

下午的加餐中，可把黄瓜汁换成西瓜汁。

晚餐可添加一份小菜汤。

一周饮食搭配示例

	早餐	午餐	晚餐
周一	牛奶、山药粥、蛋糕	米饭、虾皮豆腐、木耳烧菜心	鸡汤挂面汤、水果
周二	豆浆、红薯、香肠	二米饭、扒莜麦菜、芙蓉鸡丝	肉蓉米粥、花卷、素烧油菜
周三	牛奶、面包、水果羹	米饭、炒肚丝、海米冬瓜汤	烙饼、宫保鸡丁、南瓜豆腐汤
周四	牛奶、煎鸡蛋、水果	米饭、鱼香肉丝、菠菜汤	米饭、香菇油菜、鸡汤蘑菇
周五	牛奶、香肠、水果	米饭、番茄炒肉、鱼香肉丝	大米粥、油焖茭白、炸萝卜丸子
周六	牛奶、蛋糕、水果	米饭、扒油菜、酸菜鱼	炒面、炒莜麦菜
周日	牛奶、藕片、水果沙拉	米饭、海米白菜、炖鸡肉	二米粥、肉炒蒜苗、素炒冬瓜

艺术胎教： 名画欣赏

不管准妈妈在孕前是否喜欢艺术，或者接触艺术活动的经验有多少，用艺术养胎绝对是有益的，既可以使准妈妈保持良好的情绪，更是培养孩子艺术气质的关键。

● 《干草车》 ●

这幅《干草车》是康斯太勃尔描绘田园风光的代表作品。以他的绚丽而浑厚的色彩，抒情诗般的笔触色调和真实的描绘令人陶醉。画面描绘了一辆运干草的马车，涉过一条潺潺的浅溪，往葱郁的森林深处的田野走去。翠绿的草地上，古树树叶沾满露珠，闪烁着白色的反光。溪边的农舍，亲切朴素淳朴的农妇在溪边洗衣，小狗对着涉水过溪的干草车狂吠。这一切是如此自然、清新、真实，充满爱与美感，没有一点矫揉造作。

●《日出·印象》

　　为了要画阳光在水面闪烁和树叶颤动，印象派画家们采用新画法，甚至将纯粹颜色不加调和地直接绘在画布上，看画的人必须站得远远的，透过看画人的眼睛才把色彩混合成形象。画家所描绘的是勒阿弗尔港口一个多雾的早晨的港口。海水在旭日的照射下呈现出橙黄色和淡紫色，天空微红，水的波浪由厚薄、长短不一的笔触组成，三只小船在雾气中模糊不清，船上的人或物依稀可辨，船在摇曳中缓慢前进，远处是工厂的烟筒、大船上的吊车。经过晨雾折射过的港口构成了一个整体上灰绿色的世界，这个世界是真实的，又是幻觉的，它每时每刻随着太阳光而变化着，画家运用神奇的画笔将这瞬间的印象永驻在画布上，使它成为永恒。

●《小淘气》

　　《小淘气》画面表现的是妈妈将孩子从栏杆上抱下来的一瞬间。孩子粉红的脸庞（在周围墨绿的浓荫中，这抹粉红让整个画面显得极其生动）正对着画面，像天使一般美丽；母亲把脸庞侧面留给观赏者，留下巨大的想象空间。母子与孩子对视的那一瞬间，正是心灵的无声交流。尤其值得揣摩的是画面的背景。正是这浓密的绿荫，让母子与外面世界隔离开来，形成一个相对封闭的空间。这个空间，在这一时刻，只属于充溢着温情的母女俩……

●《抱鹅的少年》●

雕像描写的是一个天真活泼的小孩和一只大鹅一起嬉戏的情景。儿童形象的刻画十分有趣，他使劲想把往前走的鹅扳回来，而这只鹅则直蹬着叉开的双腿，张开嘴来拼命与小孩抗衡。

《抱鹅的少年》这件作品出自希腊哈尔基顿的雕刻家波厄多斯之手，原作是青铜，留存至今的这件是复制品。波厄多斯擅长风俗题材雕塑，成为当时专门雕刻儿童形象而闻名的艺术家。波厄多斯生活在公元前3世纪，正是希腊化风俗性雕塑发展的时代，几乎触及生活的各方面，从超凡脱俗的神性，开始表达最普遍的人性。特别重视真实地塑造人物形象，注重人的内在精神表现。从这个天真活泼的幼儿抱着有生命的鹅可见雕刻家对生活和人的理解，这是一组活灵活现的儿童生活雕像。

●《洗澡》●

这幅画外形明确，由强烈的轮廓线划分出间隔。在这幅作品中，画家将孩子与母亲的身子和手臂拉得很长，让其在画面上伸展开来。画面运用俯瞰的方法，使背景色彩的分布划分为上下两部分，通过母亲的条纹服装将花纹墙纸的赭色与地面地毯图案的红棕色衔接起来，使色调在表现情绪中融为一体。这些丰富图案使孩子身体的朴素色彩得到强调。画家运用这种形式、色彩刻画母女之爱，特别是着力于刻画女孩的可爱、母亲亲昵的动作，从而加深对母爱主题的烘托。

画中的两个人物由她们的姿势动作而互相联系；母亲的右手握着小女孩右脚，她们的左手又在膝上碰到一起。下面那只大水壶稳住了构图，并起到焦点的作用。

●《睡莲》●

　　莫奈是法国印象派的大师。1903～1908年，莫奈以"睡莲"为题材，画了48幅画，莫奈本人把这些画取名为《睡莲·水景系列》。创作的最后一年，莫奈一只眼睛已经半瞎，但他没有理会这一切。

　　此时他正沉浸在自己的花园中。在画中，莫奈对光线的处理，进行了各种尝试。所有的睡莲都被"一条条长长的光束从上到下垂直穿过"。这里推荐准妈妈欣赏《睡莲·晚间效果》，画这幅画时莫奈已迈入艺术的鼎盛期。在鲜黄、橘黄和朱砂色彩的烘托下，像是一团燃烧着的火。

　　旋风般强劲的笔触增加了火焰在睡莲之间扭曲上升的感觉，呈现出一片视觉的梦幻世界。

《农民的婚礼》

　　对于婚礼来说，新娘和新郎是主角。在这幅画中，墙上的一席绿色帘布让我们发现了这场婚宴的主角——新娘。新娘满意地坐在一个纸糊的花冠下方，头上也戴了"宝冠"。即使坐在后排，也让人们一眼辨认出她的特殊身份。新娘幸福地闭着眼睛，双手交叠在一起，似乎脱离了喧闹的环境，独自陶醉在对婚姻的冥想和期待里。红扑扑的脸蛋并不漂亮，可是自有幸福的笑容挂在嘴角上。

●《松林的早晨》●

在松林的早晨，金色的阳光透过朝雾射向林间，清新潮湿的空气浸润着密林，巍然挺拔的松树枝叶繁茂，生机勃勃，表现了大自然无限的生机。在这大自然的怀抱中，你仿佛可以尽情地呼吸这甘美新鲜的空气，你几乎能兴奋地叫出声来，聆听自己那激荡于林间的回声。

在这安谧寂静的环境中，几只活泼可爱的小熊在母熊的带领下，来到林中嬉戏玩耍，它们攀缘在一根折断的树干上，相互引逗，似乎在练习独立生活的本领。这一生动细节的描绘，使整个画面产生了动静结合的艺术效果，同时，也增强了观者身临其境的真实感。

冰激凌

冰激凌的颜色可以根据准妈妈自己的喜好进行变换。

步骤1:准备一些黄色、蓝色、粉色、紫色的纸团。

步骤2:在纸上画出冰激凌的轮廓。

步骤3:用蓝色和紫色皱纹纸搓成小团做出冰激凌的上半部。

步骤4:用粉色的皱纹纸搓成小球团做出冰激凌的顶部。

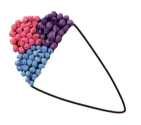

步骤5:用黄色皱纹纸搓成小团,将冰激凌的下半部粘满,冰激凌就完成了。

郁金香

在搓纸团的时候要根据先浅后深的顺序，这样能防止纸团弄脏。

步骤1：准备一些橙色和绿色的纸团。

步骤2：在纸上画出郁金香的轮廓。

步骤3：用绿色皱纹纸搓成小团，将郁金香的叶子部分粘满。

步骤4：用橙色皱纹纸搓成小团，将郁金香的下半部粘满，郁金香就完成了。

小鸡

可以沿着画好的线先粘一圈纸团，这样能保证轮廓更加清晰。

步骤1:准备一些黄色、红色、橙色的纸团。

步骤2:在纸上画出小鸡的轮廓。

步骤3:用黄色皱纹纸搓成小团，将小鸡的身体粘满。

步骤4:用红色的毛线粘好小鸡的腿部。

步骤5:用橙色的皱纹纸捏成小团，将小鸡的翅膀粘好。

步骤6:用红色的皱纹纸搓成小团，将小鸡的嘴粘满，小鸡就完成了。

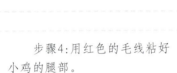

老鼠

老鼠的胡须可以用画笔直接画，也可以用毛线来代替，这样做会更立体。

步骤1：准备一些蓝色的纸团。

步骤2：在纸上画出老鼠的轮廓。

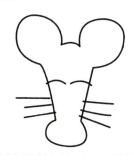

步骤3：用蓝色皱纹纸搓成小团，将老鼠的头部粘满。

步骤4：用毛线制作出老鼠的眼睛和胡须，老鼠就完成了。

青蛙

我们可以用黑豆来表现青蛙的两个大眼睛，这样会更有神。

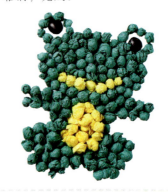

步骤1:准备一些黄色、绿色的纸团。

步骤2:在纸上画出青蛙的轮廓。

步骤3:用绿色皱纹纸搓成小团，将青蛙的身体粘满。

步骤4:用黄色的皱纹纸搓成小团，将青蛙的肚皮和嘴巴粘满，完成。

长颈鹿

在粘贴纸团时胶水适量就好，太多反而不容易粘贴牢固。

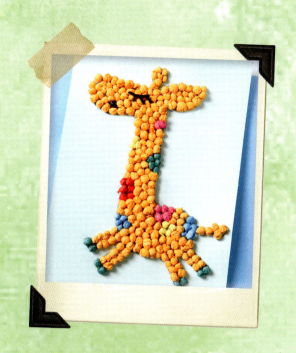

步骤1：准备一些彩色的纸团。

步骤2：在纸上画出长颈鹿的轮廓。

步骤3：用黄色皱纹纸搓成小团，将长颈鹿的主体部分粘满。

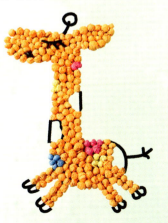

步骤4：用绿色、蓝色、红色、紫色的皱纹纸将长颈鹿身体的花纹粘满，长颈鹿就完成了。

燕鱼

在粘贴燕鱼身体时，如果用厚些的格尺抵着粘贴，边缘会更加整齐。

步骤1:准备一些紫色和黄色的纸团。

步骤4:用紫色皱纹纸搓成小团将燕鱼剩下的身体粘满、燕鱼就完成了。

步骤2:在纸上画出燕鱼的轮廓。

步骤3:用黄色皱纹纸搓成小团、将燕鱼的主体部分粘满。

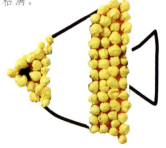

手套

纸团尽量搓得大小适中统一，这样排列起来效果会更加美观。

步骤1：准备一些绿色和红色的纸团。

步骤4：用红色皱纹纸将手套的中心位置和底部粘满，手套就完成了。

步骤2：在卡纸上画出手套的轮廓。

步骤3：用绿色皱纹纸搓成小团，将手套的主体部分粘满。

音乐胎教：有利于胎儿健康发育的经典音乐

此阶段胎宝宝的听觉系统已经逐渐发育成熟，不仅对于声音的接收能力和分辨能力越来越强，因此，我们会建议多给胎宝宝听一些新鲜的音乐。另外，这一阶段的胎宝宝已经开始慢慢形成对声音的记忆，这些声音除了是外界的声音，还包括妈妈的心跳声、呼吸声、血液流动的声音，甚至是打嗝儿或是打喷嚏的声音。

一般我们说到胎教音乐，常会想到一些欧洲经典音乐，虽然有的准妈妈非常喜欢，但并不是所有的准妈妈都如此，有的不太喜欢听，有的甚至会说"一听古典音乐就烦躁"，因此，我们在选择胎教音乐的时候，一定应该是"自己感受到舒服的音乐"，但是我们也要明白，并不是准妈妈自己喜欢的音乐也会是宝宝所接受的，比如说有的妈妈喜欢听重金属的摇滚乐，这是在胎教音乐选择中必须要规避的。

我们提示准妈妈们在进行音乐胎教的过程中，一定要及时细致地感受胎宝宝给自己的反馈。因为在日常的胎教辅导中，的确会有胎宝宝会以频繁的胎动来提醒妈妈"不喜欢听这个音乐"的情况。

本书中每章都出现的一些"推荐胎教音乐以及胎儿喜欢的经典音乐"，并非完全是按照妊娠初期、中期、后期的顺序来安排，考虑到胎儿的成长和喜好而介绍的一些曲目。希望准妈妈能够通过这些推荐曲目，先找到这些音乐，一首首地听一听，这个过程其实也是一种音乐审美能力的提升，找到自己喜欢的音乐后，可以再与腹中的胎儿进行分享和交流，确定在听何种音乐时可以感觉到胎动，通过这类音乐来实现与胎儿的沟通。

比较建议准妈妈可以阶段性地更新一下自己的胎教音乐曲库，一方面不至于造成准妈妈的审美疲劳，另一方面不同旋律、不同节奏和不同乐器风格的音乐其实也会丰富胎宝宝对外界信息的接收度。因此在这个环节，我们为准妈妈推荐了一些欧洲古典音乐。

《推荐音乐》

- 博凯里尼《小步舞曲》
- 肖邦《降b小调夜曲》
- 莫扎特奏鸣曲K545，12个的变奏曲C大调
- 钢琴协奏曲第二十一主题第二乐章
- 贝多芬《月光奏鸣曲》第一乐章
- 舒伯特《鳟鱼》
- 柴可夫斯基钢琴协奏曲第一主题第一乐章
- 布拉姆斯交响曲第三主题第一乐章
- 舒曼作品《童年情景》中的Kinderszenen

《音乐神童莫扎特》

　　莫扎特的音乐典雅秀丽，如同珍珠一样玲珑剔透，又似阳光一般热情温暖，洋溢着青春的生命力。由于他的音乐语言平易近人，作品结构清晰严谨，"因而使乐曲的最复杂的创作也看不出斧凿的痕迹。这种容易使人误解的简朴是真正隐藏了艺术的艺术"。

　　美国音乐学者约瑟夫·马克利斯说得好："在音乐历史中有这样一个时刻：各个对立面都一致了，所有的紧张关系都消除了。莫扎特就是那个灿烂的时刻。"

　　《小调第四十交响曲》

　　《小星星变奏曲》

　　《魔术师》

　　《G大调弦乐小夜曲》

　　《小步舞曲》

胎教故事读一读

●《龟兔赛跑》●

有一天，兔子碰见乌龟，笑眯眯地说："乌龟，咱们来赛跑吧！"

乌龟知道兔子在拿它开玩笑，瞪着一双小眼睛，不理也不睬。

兔子知道乌龟不敢跟它赛跑，乐得摆着耳朵直蹦跳，还编了一支山歌笑话它：乌龟、乌龟爬爬，一早出门采花，乌龟、乌龟走走，傍晚还在门口。

乌龟听了很生气，说："兔子，你别得意，咱们现在就来赛跑。"

兔子一听，差点儿笑破了肚皮："乌龟，你真敢跟我赛跑？那好，咱们从这儿跑起，看谁先跑到山脚下的那棵大树。预备！一、二、三，开跑！" 兔子撒开腿就跑，一会儿工夫就跑得很远了。

兔子回头一看，乌龟才爬了一小段路呢！心想：乌龟敢跟我赛跑，真是天大的笑话！我呀，在这儿睡上一大觉，让它爬到这儿，不，让它爬到前面去吧，我三蹦两跳就追上它了。于是，兔子把身子往地上一歪，合上眼皮，真的睡着了。

再说乌龟，爬得也真慢，可是它一个劲儿地爬呀、爬呀，等它爬到兔子身边时，已经累坏了。兔子还在睡觉，乌龟也想休息一会儿，可是它知道兔子跑得比它快，只有坚持爬下去才有可能赢。于是，它不停地往前爬呀爬，离大树越来越近了，只差几十步了，十几步了，几步了，终于到了！

兔子呢？它还在睡觉呢！兔子醒来后往后一看，咦？乌龟怎么不见了？再往前一看，哎呀，不得了了！乌龟已经爬到大树底下了。这下兔子可急了，急忙赶上去，可已经晚了，乌龟已经赢了。

宝贝，妈妈对你说----------------

　　宝贝，这是个很老很老的故事，但它说明了一个非常实用的道理："谦虚使人进步，骄傲使人落后。"宝贝，兔子虽然天生就擅长赛跑，有着先天的优势，可是它太骄傲了，过于轻视对手，导致了最终的失败。乌龟虽然天生就不擅长赛跑，可是它并没有放弃和对手的竞争，它用顽强的毅力和坚持不懈的精神，最终赢得了比赛。所以，宝贝，也许你在某些方面不如别人，但是千万不能轻言放弃，只要肯付出努力，持之以恒地坚持下去，一定可以获得成功。

103

● 《小蝌蚪找妈妈》 ●

　　暖和的春天来了。池塘里的冰融化了。青蛙妈妈睡了一个冬天，也醒来了。她从泥洞里爬出来，"扑通"一声跳进池塘里，在水草上生下了很多黑黑的、圆圆的卵。

　　春风轻轻地吹过，太阳光照着。池塘里的水越来越暖和了。青蛙妈妈下的卵慢慢地都活动起来，变成一群大脑袋、长尾巴的蝌蚪，他们在水里游来游去，非常快乐。

　　有一天，鸭妈妈带着她的孩子到池塘中来游水。小蝌蚪看见小鸭子跟着妈妈在水里划来划去，就想起自己的妈妈来了。小蝌蚪你问我，我问你，可是谁也不知道。

　　"我们的妈妈在哪里呢？"

　　他们一起游到鸭妈妈身边，问鸭妈妈：

　　"鸭妈妈，鸭妈妈，您看见过我们的妈妈吗？请您告诉我们，我们的妈妈是什么样的呀？"

　　鸭妈妈回答说："看见过。你们的妈妈头顶上有两只大眼睛，嘴巴又阔又大。你们自己去找吧。"

　　"谢谢您，鸭妈妈！"小蝌蚪高高兴兴地向前游去。

　　一条大鱼游过来了。小蝌蚪看见头顶上有两只大眼睛，嘴巴又阔又大，他们想一定是妈妈来了，追上去喊妈妈："妈妈！妈妈！"

　　大鱼笑着说："我不是你们的妈妈。我是小鱼的妈妈。你们的妈妈有四条腿，到前面去找吧。"

　　"谢谢您啦！鱼妈妈！"小蝌蚪再向前游去。

　　一只大乌龟游过来了。小蝌蚪看见大乌龟有四条腿：心里想，这回真的是妈妈来了，就追上去喊："妈妈！妈妈！"

　　大乌龟笑着说："我不是你们的妈妈。我是小乌龟的妈妈。你们的妈妈肚皮是白的，到前面去找吧。"

"谢谢您啦！乌龟妈妈！"小蝌蚪再向前游去。

一只大白鹅"吭吭"地叫着，游了过来。小蝌蚪看见大白鹅的白肚皮，高兴地想：这回可真的找到妈妈了。追了上去，连声大喊："妈妈！妈妈！"

大白鹅笑着说："小蝌蚪，你们认错了。我不是你们的妈妈，我是小鹅的妈妈。你们的妈妈穿着绿衣服，唱起歌来'咯咯咯'的，你们到前面去找吧。"

"谢谢您啦！鹅妈妈！"小蝌蚪再向前游去。

小蝌蚪游呀、游呀，游到池塘边，看见一只青蛙坐在圆荷叶上"咯咯咯"地唱歌，他们赶快游过去，小声地问："请问您：您看见了我们的妈妈吗？她头顶上有两只大眼睛，嘴巴又阔又大，有四条腿，白白的肚皮，穿着绿衣服，唱起来'咯咯咯'的……"

青蛙听了"咯咯"地笑起来，她说："唉！傻孩子，我就是你们的妈妈呀！"

小蝌蚪听了，一齐摇摇尾巴说："奇怪！奇怪！我们的样子为什么跟您不一样呢？"

青蛙妈妈笑着说："你们还小呢。过几天你们会长出两条后腿来；再过几天，你们又会长出两条前腿来，四条腿长齐了，穿上了绿衣服，就跟妈妈一样了，就可以跟妈妈跳到岸上去捉虫吃了。"

小蝌蚪听了，高兴得在水里翻起跟头来："啊！我们找到妈妈了！我们找到妈妈了！好妈妈，好妈妈，您快到我们这儿来吧！您快到我们这儿来吧！"

青蛙妈妈"扑通"一声跳进水里，和她的孩子蝌蚪一块儿游玩去了。

《捞月亮》

从前，有只小猴子在井边玩，他看到井里有个月亮。小猴子叫起来："糟啦、糟啦！月亮掉在井里啦！"

大猴子听见了，跑过来一看，跟着叫起来："糟啦、糟啦！月亮掉在井里啦！"

老猴子听见了，跑过来一看，也跟着叫起来："糟啦、糟啦！月亮掉在井里啦！"

附近的猴子也听见了，全都跑过来看。大家一起叫起来："糟啦、糟啦！月亮掉在井里啦！咱们快把它捞上来吧！"

于是，猴子们爬上了井旁边的大树。老猴子倒挂在树上，拉住大猴子的脚；大猴子也倒挂着，拉住另一只猴子的脚。猴子们就这样一只接一只，一直挂到井里头，小猴子挂在最下边。

小猴子伸手去捞月亮，可手刚碰到水，月亮就不见了。

老猴子一抬头，看见月亮还在天上，他喘着气，说："不用捞了，不用捞了，月亮好好地挂在天上呢！"

宝贝，妈妈对你说------------------

宝贝，故事中的小猴子天真、可爱，好奇心强。它不知道水中的月亮只是天上月亮的倒影，于是决定捞月亮。我亲爱的宝贝，你知道吗？在这个世界上，有无限的知识等着你去学习呢！妈妈希望你能像小猴子一样天真、可爱，能用自己的行动去验证对与错，妈妈真盼着你能健康快乐地长大啊！

● 《雪孩子》●

准妈妈一定还记得小时候看的那个温情的动画片《雪孩子》吧。《雪孩子》是嵇鸿先生的作品，《雪孩子》被选入了《世界金奖童话库》、《中国经典童话》，摄制成电影后获得了文化部1980年大奖。这里推荐准妈妈给胎儿讲第一部分。

《雪孩子》主题歌

雪花，雪花，洁白的雪花，
飘呀飘，飘呀飘，
为大地披上银纱。
雪花，雪花，可爱的雪花，
转呀转，转呀转，
伴随我一起玩耍。
来吧，来吧，
小白兔快来吧，
来滑雪，来滑雪，
让歌声一路挥洒，
啦……
拥有朋友多么快乐，
转呀转，转呀转，
田野森林都是我的家。

《雪孩子》的故事

这场雪下得真大。雪花把树枝盖得满满的，压得弯弯的；小木屋顶上，像铺了一条厚厚的白绒被。不过，到晌午时候，雪就渐渐地停了。

小木屋里住着兔妈妈一家。这一家只有两口人：除了兔妈妈以外，就是她的孩子——小白兔了。兔妈妈对小白兔说：

"孩子，家里萝卜没有了，妈妈该到外面去找几个大萝卜来才行。乖乖地在家里烤烤火吧……"话还没说完，就被小白兔一把扯住衣角。

"妈妈，我也去，我也去！你走了，我独个儿在家多寂寞呀！"

妈妈说："小宝贝，妈妈给你堆个雪人，你有了伴儿就不寂寞啦！"

"好，堆雪人！"小白兔揩着眼泪笑起来，跳着、蹦着。

于是，兔妈妈和小白兔走到外面，七手八脚地堆起雪人来。不久，一个胖鼓鼓的、漂亮的雪孩子就站在他们的面前了。兔妈妈退后一步，对着雪孩子左看看，右看看，笑着说："多可爱的雪孩子，可惜没有眼珠儿，要不，他就活啦！"

小白兔摸摸胸前的口袋，忽然说："有，有眼珠儿啦！"说着，掏出那两颗龙眼核安进他的眼眶。

雪孩子的眼珠儿刚刚安上，就转动起来了，他的鼻子和嘴唇也动起来。雪孩子眨眨眼，调皮地笑了笑。

小白兔没有看到雪孩子的眨眼和笑，却发现了雪孩子的脸上缺少鼻子，于是他取来了半根红红的胡萝卜，往雪孩子的脸上一安，变成了一个往上翘的红鼻子。

安在他脸上的是半根胡萝卜，这个鼻子一点儿也不神气。趁小白兔背转身去的时候，雪孩子把鼻子拔下，呼地一声扔出去。

小白兔拾起萝卜，想了想，对雪孩子说："噢，我懂了，雪孩子，你嫌鼻子太短，不要紧，妈妈会给你找个最好的鼻子回来的；现在，你暂且用一用这个鼻子吧！"一面说，一面把萝卜又安上了雪孩子的脸。

兔妈妈挎着篮子出门，对小白兔叫道："孩子，回屋里烤烤火，别着了凉！"

小白兔大声说："妈妈，给雪孩子找个最漂亮的鼻子回来！"

"知道了，快回屋去吧！"兔妈妈答应着，渐渐地走远了。

小白兔回到屋里，推上门，向火塘里添了一大把柴，这才坐了下来。他浑身暖乎乎的，打起哈欠来。

小白兔在塘边烘得浑身热乎乎的，扑上床，一会儿就睡着了。火，熊熊地燃烧着。火舌舔着旁边的干柴堆，"噼噼啪啪"地燃烧起来。可是小白兔还在甜甜地睡觉呢！

雪孩子看见小木屋的窗口蹿出火苗来，不由得惊慌起来。小木屋着火了，可是小白兔还在屋里呢！雪孩子心里好不着急，拔脚就向小木屋奔去。

"小白兔！小白兔！你快出来呀！"雪孩子喊道。屋里没有回答，只听到"噼噼啪啪"的声响。他用力把门一推，一个火舌猛地从里面卷来。雪孩子感到十分难受，满身流汗——其实那是他融化的水——他瘦多了。

雪孩子又勇敢地冲了过去。火，像猛兽般扑来。他的头发燃着了，浑身湿淋淋的。可是他顾不上这些，猛地钻进了烈火。

屋里浓烟弥漫。他到处摸着，摸着，终于在小木床上摸到了小白兔。

这时，烈火正在向他们包围。他用身体抵挡着烈火的袭击，不让火舌燎着小白兔，一面摸索着往外跑。

现在雪孩子已经又瘦又小，随着汗水淋漓地流淌，他还在变，变得更瘦、更小。他怀里抱着的小白兔渐渐往下沉，往下沉……终于，他把小白兔稳稳地放在空地上，喘了最后的几口气，就很快地融化——变成了一摊水，一摊洁净的水。那两颗乌黑、晶亮的龙眼核——雪孩子的眼睛，在洁净的水里闪着光亮；还有那半截胡萝卜——雪孩子的鼻子，竖立在两颗龙眼核的下边，就像一个鼻子应该在眼睛下边一样。

兔妈妈发现家里着火了赶了回来，她慌忙放下篮子，张开了两只手臂迎着小白兔奔去。"孩子，你没有被火烧伤吗？"兔妈妈抚摸着怀里的小白兔问。

"妈妈，是雪孩子把我从火里救出来的！"小白兔指指雪孩子原来站立的地方，"可是，妈妈，雪孩子不见了，他到哪儿去啦？"

"雪孩子最怕热，他融化了，变成了水！"兔妈妈叹息着，"多么好的雪孩子！多么勇敢的雪孩子啊！"

那摊洁净的水化成了渐渐上升的水汽——那就是雪孩子啊！不过，他的身体已经变得很轻很轻，在空中飘呀，飘呀。

"妈妈，快瞧，雪孩子在那儿！"小白兔说着，飞奔过去，将雪孩子一把抱住。可是雪孩子却轻轻地从他的怀里飞向树梢去了。

"妈妈，你快瞧！"小白兔指着白云说，"雪孩子在天上呢！"

是的，那朵纯洁的白云正是雪孩子。兔妈妈用手背擦掉了两滴留在眼眶里的泪珠，笑着说："雪孩子在天上呢！他现在变得更高大、更美丽了！你瞧。"

视觉胎教：通过光线调整胎宝宝作息

　　人类视觉是最高等的感觉，它不仅是观看，而且包括有远近、立体、浓淡、色感等复杂的作用。因此直到孩子12岁左右，视觉才基本发育完成。胎宝宝在准妈妈肚子里第8周的时候眼睛开始发育，这时刚形成眼部构造，上下眼睑还没有分开。在24周后才具备感光能力，胎宝宝会寻找光源，但是仅仅具有光感而已。刚刚出生的婴儿，他们只能看到30~40厘米之内的物体，而这恰恰与胎儿在子宫里的位置长度相似，表明刚刚出生的婴儿还保持着子宫内生活的习惯。因此，出现了一些通过对准妈妈肚子做光照进行宝宝的"视觉刺激"的主张。

　　胎教是一种人性化的与胎宝宝的交流，尽管不同的胎教方法是在强调要根据胎儿各感觉器官发育成长的实际情况，有针对性地，积极主动给予适当的信息刺激，使胎儿建立起条件反射，进而促进其大脑机能、躯体运动机能、感觉机能及神经系统机能的成熟。然而，现代医学用超声波观察发现，用电光一闪一灭照射孕妇腹部时，胎宝宝会感到不悦，脸上会出现惊慌不安或厌恶的表情，心率也会出现剧烈变化。因此，并不建议准妈妈用这样的方法对胎宝宝进行刻意的视觉刺激。科学胎教中一个非常重要的原则是：不进行让胎宝宝不舒服的胎教行为。

　　科学的胎教方法除了要针对胎宝宝的发育进程给予相应的方案，更应该全面地考虑胎宝宝在妈妈子宫内的生活规律。在漫长的十个月里，胎儿大部分时间都在睡觉，他的四周都是昏暗的，他常常紧闭着双眼，听着母亲的心跳声，在好像摇篮一样的羊水里晃着晃着就睡着了。

有多位准妈妈分享说，自己在晚上用手电筒照肚子时，宝宝动得可欢了，认为这个胎教方法真是有用极了。每每听到，首先就会告诉这些准妈妈胎动的强烈与否并不是判断胎教效果的唯一标准，因为宝宝生气或不舒服的时候也会有强烈的胎动；再次我还会问她们，如果在晚上你睡得正香时突然有人把你房间的大灯打开，或是掀开被窝向你的眼睛上照一束强光，你是什么感觉？结论不言自明。

胎儿睡眠可分为安静型和活动型。在整个孕程里，安静型睡眠约占20%，活动型睡眠约占60%，剩下的为清醒的时间。活动型睡眠下的胎儿会有伸腰、动手、动脚的不自主运动，这个阶段准妈妈摇一摇身体，胎宝宝也有可能被震醒。安静型睡眠下的胎儿没有明显的胎动情形，心跳也较为平稳，这样的酣睡状态下的胎宝宝是不容易被吵醒的。

从孕中期胎宝宝大脑进入黄金发育期以后，胎儿的脑波逐渐形成，这意味着思维和心灵的形成。与此同时，胎儿也出现了快眼动（REM）睡眠，最早出现于妊娠23周。从成人睡眠的研究来看，我们睡眠中的REM期几乎完全被生动的梦所占据，进入孕晚期的胎宝宝就已经开始了多梦的日子，胎儿在自己的REM睡眠中眼球如同成人的眼球一样前后快速转动。哦，我们不得不想象一下，胎宝宝的梦境会是什么样的呢？估计都是他在妈妈子宫中所感觉到的情形吧，甚至也可能是自己吸吮手指、玩脐带的场景呢。梦是胎儿内在思维的创造性练习和认知活动，也是一个自发的个性活动。

在日常生活中，特别是夏天准妈妈进行日光浴或穿着较薄衣物在户外行动时，都是柔和、自然地让宝宝感受光线的好方法，并不需要专门用手电筒去刺激宝宝的视觉。

抚摸胎教：爸爸妈妈笑，胎儿也会笑

　　抚摸胎教，顾名思义就是准妈妈和准爸爸通过抚摸与胎宝宝交流的胎教方式。这个动作，在准妈妈们的生活中，其实是非常常见的，经常能看到很多准妈妈都会在走路、坐下来或是听音乐的过程中，手会无意识地放在肚子上面来回抚摸。这种对胎宝宝轻柔的爱抚，不仅仅是皮肤间的接触，更是一种爱的传递。对胎宝宝发育的重要性体现在生理与心理两大方面。

　　首先，从生理角度而言，这是对胎儿大脑发育的一种极好的促进。

　　触觉是人类最早出现的感觉之一，也是人体分布最广、最复杂的感觉系统。胎儿在妈妈肚子里4周起就开始发育触觉，7周左右，口腔就开始对外来的触觉刺激有所反应，并能通过皮肤感觉周围的环境。皮肤是人体接受外界刺激的最大感觉器官，是神经系统的外在感受器。因此，胎儿期的抚摸胎教就是在胎儿脑发育的关键期给脑细胞和神经系统以适宜的刺激，这种触觉感受器可将所有感受的刺激通过传入神经传入中枢神经系统，使大脑皮层对这些冲动进行分析、判断做出相应的反应。抚触能充分利用这个身体最大的感觉器官，刺激分布在皮肤上的不同感受器，兴奋中枢感受点，刺激神经细胞的形成及其与触觉间的联系，逐渐促进神经系统发育和智能形成。

　　其次，从心理学角度而言，抚摸会帮助胎宝宝在心理上建立更充足的安全感。

　　法国心理学家贝尔纳·蒂斯认为，准妈妈在怀孕过程中都可以通过触摩动作和声音，与腹中的胎宝宝沟通，这样做可以使胎宝宝在子宫内就建立安全感，使他感到舒服和愉快。如果胎儿能够充分感受到母亲的爱的表达，对出生日后健康身心发展能够奠定一个良好的基础。这同时也是早期亲子关系的一种建立。

　　美国在20世纪70年代就开始对胎儿期的心理发展进行研究，发现人类一些与安全感有关的心理问题部分可以追溯至胎儿期。因为胎儿在母体内时全身蜷曲包裹在子宫内，皮肤被羊水浸抚，温暖而安全；在脱离母体后，这种安全感消失了，因此会通过哭闹等行为来表达自己的恐惧与焦虑。为了让宝宝更健康地成长和适应新环境，如今每一位新手爸妈都会为新生宝宝做抚触，通过多拥抱和陪伴给予宝宝更多的安全感。那对于准妈妈而言，我们已经可以把这种抚摸延伸到孕期，也就是我们所谈到的胎宝宝的抚摸胎教。

抚摸胎教的注意事项

1.抚摸节奏与音乐结合，效果会更好，能让胎宝宝更明确地感知节奏与韵律。

2.手法可以多样化，动作要轻柔，不宜过度用力，可用双手手指配合轻柔抚摸。

3.时间保持在10分钟内为宜。如果胎宝宝反映出强烈不适，则应停止。

4.临近预产期时，不宜再对胎宝宝进行抚摸，可能会引发子宫收缩甚至早产。

5.如果准妈妈在孕中期或孕后期经常感觉肚皮间歇发紧或变硬，可能是不规则的子宫收缩，也不应再做抚摸胎教了，以免引起早产。

6.抚摸胎教前尽量排空小便，调整情绪，在愉悦的氛围中进行。

7.准妈妈若有不良产史，如流产、早产、产前出血等情况，不宜多做抚摸胎教。

怀孕中期的孕妇瑜伽

孕妇练习瑜伽可以增强体力和肌肉张力，增强身体的平衡感，提高整个肌肉组织的柔韧度和灵活度。同时刺激控制激素分泌的腺体，加速血液循环，还能够很好地控制呼吸。此外，针对腹部练习的瑜伽可以帮助产后重塑身材。孕妇可以练习不同的瑜伽姿势，但必须以个人的需要和舒适度为准。但要注意的是，瑜伽并不是使怀孕和分娩更为安全顺利的唯一方式。练习瑜伽可以让这个过程变得轻松简单并有助于孕妇在产前保持平和的心态。

呼吸运动

膝伸直，用鼻子吸气，慢慢抬起右脚呈垂直状态，鼻子吐气，慢慢放下右脚。左脚做相同动作。

01 仰卧

仰卧，双脚并拢，双手掌着地。

03 双手放下

鼻子吐气，双手放下。反复上述动作。可净化多量血液，强化心肺，适合患支气管炎、气喘的人，增强对感冒的抵抗力。

02 双手伸直过头顶

鼻子吸气，同时将双手伸直，慢慢地伸到头顶上。

01 肘部内屈

　　两臂平举至肩部，肘部内屈并轻触肩头。

02 上抬肘部

　　继续上抬肘部，使其与耳朵相接。

03 向前转肘

　　将整个肘部由后向前旋转。

04 双手头后交叉

　　双手在头后交叉，放松呼吸。

05 上身侧弯

　　将上身向一侧弯曲，至肋下肌肉不能伸长时，再回复到原来的姿势。反方向重复上述运动。

俯撑弓背运动

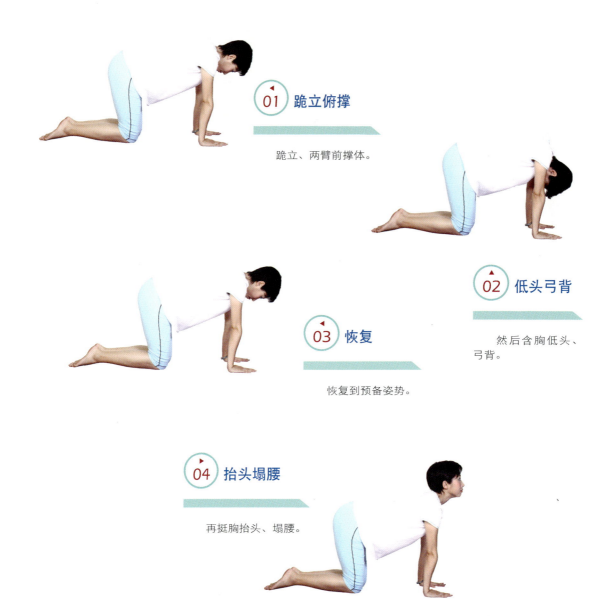

01 跪立俯撑

跪立、两臂前撑体。

02 低头弓背

然后含胸低头、弓背。

03 恢复

恢复到预备姿势。

04 抬头塌腰

再挺胸抬头、塌腰。

仰卧屈伸腿运动

 01 仰卧屈膝

仰卧，两腿伸直平放，然后，两腿屈膝。

 02 双腿交替打开、并拢

再两腿分开，两腿再并拢，最后两腿伸直还原。

 03 挺腹抬臀

仰卧，两腿屈膝，然后挺腹抬臀，稍停顿再还原。

04 向上抬腿

右侧卧，两腿伸直。然后左腿上抬，再放下。再左侧卧，两腿伸直。右腿上抬、放下。

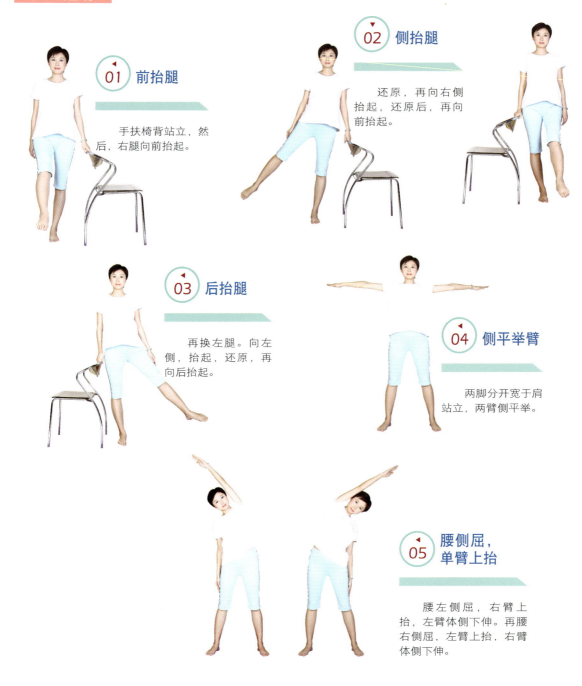

01 前抬腿

手扶椅背站立，然后，右腿向前抬起。

02 侧抬腿

还原，再向右侧抬起，还原后，再向前抬起。

03 后抬腿

再换左腿。向左侧，抬起，还原，再向后抬起。

04 侧平举臂

两脚分开宽于肩站立，两臂侧平举。

05 腰侧屈，单臂上抬

腰左侧屈，右臂上抬，左臂体侧下伸。再腰右侧屈，左臂上抬，右臂体侧下伸。

立回旋式运动

01 与肩同宽直立

直立，足与肩同宽，胸部略挺，自然呼吸。

02 双臂抬起与地平行

手心向下，双臂直从身体前方慢慢抬起至与地面平行；呼气2～4秒钟，髋部不动。

03 扭转上身

从腰部扭转，头、臂同时向后转身至最大限度，腿不要弯；吸气2～4秒钟，慢慢还原，保持手臂平伸，不要放下。

04 还原放下手臂

同上顺序，做另外一边；身体转正还原后，呼气放下手臂；慢慢放下手臂，换边、换臂做。

脚腕运动

日常生活中，坐在椅子上时、躺下时等，都要经常锻炼脚腕，此体操还有助于消除妊娠期的脚部水肿。

01 仰卧

仰卧，双腿伸直。

02 摇摆脚腕

左右摇摆脚腕10次。左右转动脚腕10次。

03 前后活动脚腕

前后活动脚腕，充分伸展、收缩跟腱10次。

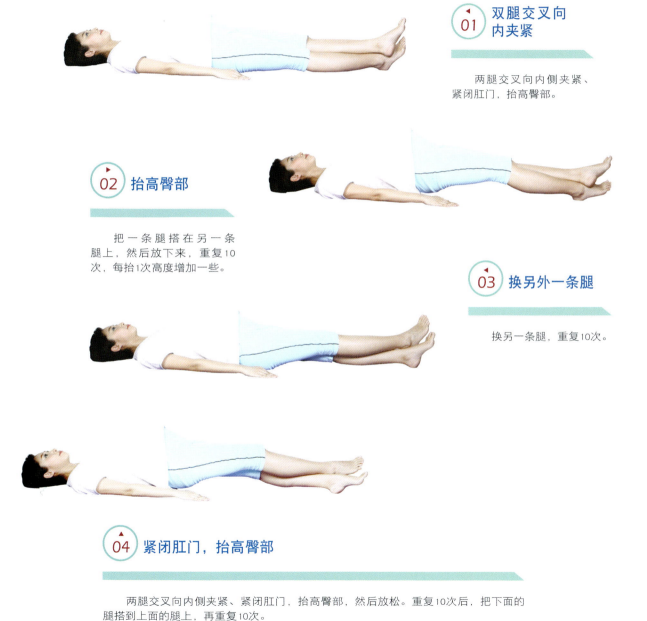

腿部运动

01 双腿交叉向内夹紧

两腿交叉向内侧夹紧、紧闭肛门，抬高臀部。

02 抬高臀部

把一条腿搭在另一条腿上，然后放下来，重复10次，每抬1次高度增加一些。

03 换另外一条腿

换另一条腿，重复10次。

04 紧闭肛门，抬高臀部

两腿交叉向内侧夹紧、紧闭肛门，抬高臀部，然后放松。重复10次后，把下面的腿搭到上面的腿上，再重复10次。

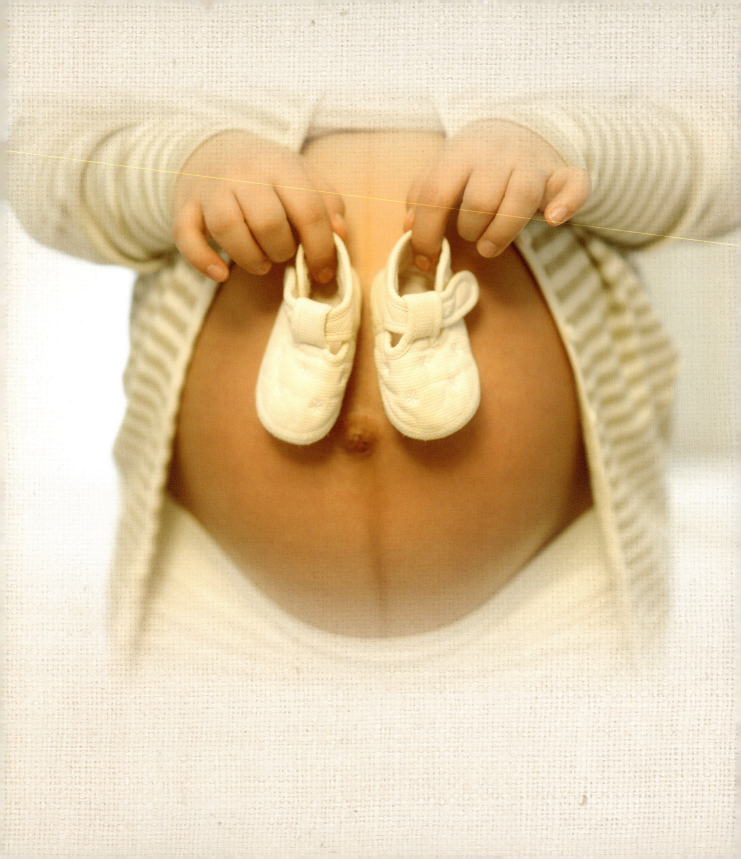

孕晚期（181～280天）
宝贝，我爱你！

导读 伴随着准妈妈进入孕晚期，胎宝宝也进入了大脑的第二个高峰发育期，这个阶段的宝宝大脑能力越发强劲。胎儿的大脑还具备了越来越好的记忆能力，肢体的协调能力，有了跟妈妈一样的作息时间，已经会做梦了，可以清楚地感知妈妈的情绪和心情，并对此做出相应的反应……总之，虽然还在妈妈的肚子里，但此时胎儿的世界已经非常丰富多彩了。

这一阶段的胎教，仍然可以很丰富，除了在孕中期坚持的各种各样的胎教内容之外，对于运动仍然应当加强，良好的运动不仅可以让妈妈控制体重，对于宝宝前庭能力的发育也有非常好的促进，可以帮助宝宝顺利进入待产位置；在孕晚期，面对越来越近的生产时间，大部分的准妈妈都可能会出现临产焦虑，这时候与宝宝的交流显得尤为重要。

情绪胎教：好的情绪会感染胎儿，从而决定宝宝的性格

　　就孕期情绪的这个话题，有很多妈妈会问我一个同样的问题："我在孕期脾气不好的话，宝宝出生后也会脾气不好吗？"在这个问题中说到的"情绪不好"从心理学角度是可以被定义为"不健康情绪"。这种不健康的情绪的长期存在对胎宝宝的影响也是毋庸置疑的。

　　美国俄亥俄州的心理专家们专门做过一个关于孕期性格遗传的跟踪调查，在调查中跟踪了70多对母子，他们惊诧地发现，在这些被调查的孩子中，出生以后的宝宝们最多可以携带自己母亲在孕期性格特征的最高能达到37.5%，这一结论让我们确认，准妈妈在孕期的情绪与宝宝的性格有显著相关。那么，分析其原因，大抵是因为胎宝宝在孕中后期，已经处于大脑与意识发育的过程中，为适应妈妈自身的心理与情绪环境，胎宝宝也会主动调整自己的大脑和意识去向和妈妈相同的某个方向发展；另外，当我们处在一种或沮丧、或暴躁情绪中时，体内的某些激素水平都会维持于同一种状态之中，如果准妈妈长期沉浸其中，意味着这些不好的激素都会通过胎盘和血液的传导，并长期持续带给在妈妈子宫里的胎宝宝，久而久之，也就形成了我们常说的"性格遗传"。

　　"性格决定命运"，它在人生的发展中起到举足轻重的作用。人的性格早在胎儿期已经形成部分，这一点已被专家们所证实；但同时我们也应当了解：人的部分性格在出生后也会因为家庭和社会环境的影响发生变化。但无论怎么样，在怀孕期注重胎儿性格方面的培养仍然非常必要，胎儿性格的形成离不开生活环境的影响，母亲的子宫是胎儿的第一个环境，在这个环境里的感受将直接影响到胎儿性格的形成和发展。

对于胎儿性格的塑造，除了母亲的胎教外，还要做些有意识的精神刺激。

许多研究表明，孕妇的精神状态、情感、行为、意识可以引起体内激素分泌异常，影响到胎儿的性格形成。如孕妇有忧郁心情，缺乏活力，所以孩子出生后会委屈，长时间啼哭。长大后感情脆弱、郁闷。如果孕妇能正确对待孕期反应带来的烦恼，积极、坚强地克服怀孕后期和分娩中的痛苦，这种坚强的意志会影响到胎儿，为胎儿出生后能有自尊自强、勇于与困难做斗争的好性格打下基础。

在怀孕后期，丈夫可以给妻子一些小惊喜，给将要出生的孩子买漂亮的衣物，给妻子买一件纪念品；在临产时，丈夫更要多方帮助和鼓励妻子克服分娩时的紧张情绪，坚信分娩顺利。

营养胎教：为分娩备战

　　这个阶段应该吃一些制作精细、易于消化、营养丰富、有补益作用的菜肴，为你的临产积聚能量。还要注意便秘和水肿。

　　准妈妈应坚持饮食原则：少吃多餐。还要注意食物口味清淡、易于消化。蜂蜜是糖类物质精品，含有多种氨基酸、维生素A、维生素D、维生素E、泛酸及肌醇等营养素，不仅能补充准妈妈所需的营养素，还是大脑的天然增补剂。因为，大脑细胞所需的营养在蜂蜜中含量是最高的，同时还可以有效预防或改善妊娠高血压综合征，妊娠贫血、妊娠合并肝炎、痔疮、便秘以及失眠等疾病。

　　越是快临产了，就越应该多吃些含铁元素的蔬菜（如菠菜、紫菜、芹菜、海带、黑木耳等）和新鲜的水果。这样可以补充各种丰富的微量元素和对身体有益的物质。因为准妈妈胃肠受到压迫，可能会有便秘或腹泻的症状。所以，一定要增加进餐的次数，每次少吃一些，而且应吃一些容易消化的食物。

● 孕八月的发育和身体变化 ●

胎儿的发育

胎儿指标	
胎重	1500～2000克
胎长	约44厘米
器官	胎儿的主要器官已经基本发育完成。肺和胃肠功能已接近成熟，已具备呼吸能力，能分泌消化液
面部五官	头发变得浓密，并能够辨别明暗，甚至跟踪光源。听觉神经已经发育完成，对声音开始有所反应
四肢	身体和四肢还在继续长大，最终要长得与头部比例相称。许多胎儿在此时已经采取了头向下的体位

准妈妈的身体变化

项目	表现
体重	这个月体重增加了1300～1800克，准妈妈的体重每周增加500克是正常的
子宫	准妈妈的腹部更显凸出，行动也越来越吃力。由于子宫将内脏向上推挤，因而时常会感到喘不上气来
乳房	乳房高高隆起，乳房、腹部及大腿的皮肤上的一条条淡红色的花纹更为增多（并不是所有的妈妈都会有这种情况发生，坚持孕期运动的妈妈，肌肉纤维弹性更加丰富，整个孕期都会不生长妊娠纹）
妊娠反应	食欲下降，腰部更容易感到酸痛。经常出现便秘和胃灼热，前一天的脸和腿的水肿并未消失
注意事项	预防早产，准妈妈在起立行走方面应注意

● 孕九月的发育和身体变化 ●

胎儿的发育

胎儿指标	
胎重	2000～2800克
胎长	46～50厘米
器官	到了第36周，两个肾脏已发育完全，他的肝脏也已能够处理一些代谢废物。呼吸系统、消化系统、生殖器官也发育几近成熟
面部五官	胎儿的听力已充分发育，对外界的声音已有反应。而且能够表现出喜欢或厌烦的表情
四肢	胎儿此时身体呈圆形，皮下脂肪较为丰富，皮肤的皱纹、毳毛都相对减少。皮肤呈淡红色，身体变得圆润，脸、胸、腹、手、足等处的胎毛逐渐稀疏
胎动	第35周，胎动每12小时在30次左右为正常，如果胎动过少（少于20次预示胎儿可能缺氧，少于10次胎儿有生命危险）

准妈妈的身体变化

项目	表现
体重	准妈妈体重的增长已达到最高峰，已增重11～13千克
妊娠反应	准妈妈气喘加剧。由于子宫膨大，压迫了胃，胃口不好。分泌物有所增加，排尿次数增多
注意事项	留意水肿、预防早产

孕九月 需要重点补充的营养

加大钙的摄入量

胎儿体内的钙一半以上都是在怀孕期最后两个月储存的，如果此时摄入的钙量不足，胎儿就会动用母体骨骼中的钙，容易导致准妈妈发生软骨病。富含钙质的食物有牛奶、虾皮、核桃、南瓜子、鱼松等。

适当增加铁的摄入

现在胎儿的肝脏以每天5毫克的速度储存铁，直到存储量达到540毫克。若铁的摄入量不足，就会影响胎儿体内铁的存储，出生后易患缺铁性贫血。动物肝脏、黑木耳、芝麻等含有丰富的铁。

控制盐分、水分

准妈妈应继续控制盐的摄入量，以减轻水肿状况。此外，由于准妈妈胃部容纳食物的空间不多，因此不要一次大量饮水，以免影响进食。

脂类摄入量控制在60克

此时，胎儿大脑中的某些部分还没有成熟，准妈妈需要适量补充脂类，尤其是植物油仍是必需的。每天摄入的总脂量应为60克左右。

膳食纤维不可少

孕后期，逐渐增大的胎儿给准妈妈带来负担，准妈妈很容易发生便秘。由于便秘，又可发生内外痔。为了缓解便秘带来的痛苦，准妈妈应该注意摄取足够量的膳食纤维，以促进肠道蠕动。全麦面包、芹菜、胡萝卜、白薯、土豆、豆芽、菜花等各种新鲜蔬菜和水果中都含有丰富的膳食纤维。准妈妈还应该适当进行户外运动，并养成每日定时排便的习惯。

《椅中圣母》

　　关于《椅中圣母》的传说是这样的，从前有一德高望重的隐士在森林里遇到狼群，他急中生智，爬上橡树才幸免于难。后被一酒家女儿救下并受到款待。在酒店过了一宿后，翌晨离开了林子。走时他预言，救他的橡树与这位姑娘将得到永恒的善报。

　　若干年后，橡树被砍下做了酒店的酒樽，姑娘也结婚生了两个儿子。一天，拉斐尔路过这里，见到这两个天使般的孩子与年轻漂亮的妈妈，绘画的兴致油然而生。可眼前没有绘画工具。急切中他抓起地上的陶土片，在酒店门边一个橡树酒桶底上画下这母子三人形象。

　　《椅中圣母》一画也非画家的即兴之作。我们从圣母的头巾、绣织着民间图案的带穗披肩以及红色上衣、蓝色斗篷等装束来看，证明画家是深刻观察了意大利民间妇女形象后的室内创作成果。拉斐尔非常仔细地把三个人物处理在一个狭小的圆形框内。为了展示圣母的亲子之情，布局极其精心。圣婴坐在母亲的右膝，但左膝就很难处理，如按实际的样子，约翰就会挤出画外。画家用左膝上的衣褶来减弱它的视觉效果，让约翰占有一席地位。双手合掌的约翰把一根具有象征意义的拐杖挟在左手肘里，这样，它既是普通的拐杖，又预示耶稣将以牧师的身份走向人间。这根拐杖的柄端是一个简陋的十字架，它暗示约翰将在荒野中多次呼叫耶稣，也暗喻耶稣受难于十字架的未来。在基督教的图像学中，红色一般象征天主的圣爱，蓝色象征天主的真理。

● 《天上的爱与**人间的爱**》●

　　天上的爱，一个裸体女人，拿着一盏油灯，赤裸裸地亮着；世俗的爱，穿衣的女人，一点点的虚荣，一点点的富贵，天上的世间的女子，有不同的风韵；一个爱的小天使，淘气地在池子里戏水。天上的世间的爱都一样地成长，这就是提香色。

　　《天上的爱与人间的爱》取材于希腊神话中的一则故事：为夺回被叔父霸占的王位，伊阿宋要去阿尔喀斯夺取天神的圣物——金羊毛。爱神阿弗洛迪忒使阿尔喀斯的公主美狄亚对英雄伊阿宋一见倾心。在美狄亚的帮助下，伊阿宋和他的英雄朋友们渡过重重难关，终于杀死了守卫的毒龙，取得了金羊毛。之后，美狄亚与伊阿宋结合。画面上，爱神（右）正劝说美狄亚（左）。要她帮助伊阿宋夺取金羊毛。这幅画的寓意很多，其中之一是：天上的爱代表爱神所统辖的虚幻之爱；人间的爱代表美女爱英雄的世俗之爱。

语言胎教： 古诗词名句赏析

《无题》

（唐）李商隐

昨夜星辰昨夜风，画楼西畔桂堂东。
身无彩凤双飞翼，心有灵犀一点通。
隔座送钩春酒暖，分曹射覆蜡灯红。
嗟余听鼓应官去，走马兰台类转蓬。

《离思》

（唐）元稹

曾经沧海难为水，除却巫山不是云。
取次花丛懒回顾，半缘修道半缘君。

《相思》

（唐）王维

红豆生南国，春来发几枝。
愿君多采撷，此物最相思。

《无题·相见时难别亦难》

（唐）李商隐

相见时难别亦难，东风无力百花残。
春蚕到死丝方尽，蜡炬成灰泪始干。
晓镜但愁云鬓改，夜吟应觉月光寒。
蓬山此去无多路，青鸟殷勤为探看。

《一剪梅》

（北宋）李清照

红藕香残玉簟秋，轻解罗裳，独上兰舟。
云中谁寄锦书来？雁字回时，月满西楼。
花自飘零水自流，一种相思，两处闲愁。
此情无计可消除，才下眉头，却上心头。

《虞美人》

（五代）李煜

春花秋月何时了，往事知多少？
小楼昨夜又东风，故国不堪回首月明中。
雕栏玉砌应犹在，只是朱颜改。
问君能有几多愁？恰似一江春水向东流。

《青玉案·元夕》

（南宋）辛弃疾

东风夜放花千树，更吹落，星如雨。宝马雕车香满路。
凤箫声动，玉壶光转，一夜鱼龙舞。
蛾儿雪柳黄金缕，笑语盈盈暗香去。
众里寻他千百度，蓦然回首，那人却在，灯火阑珊处。

《江城子·乙卯正月二十日夜记梦》

（北宋）苏轼

十年生死两茫茫，不思量，自难忘。
千里孤坟，无处话凄凉。
纵使相逢应不识，尘满面，鬓如霜。
夜来幽梦忽还乡，小轩窗，正梳妆。
相顾无言，唯有泪千行。
料得年年肠断处，明月夜，短松冈。

胡萝卜

　　胡萝卜的主体部分可以捏得细长一些，方便彩色的长条粘贴。

步骤1:取橙色、绿色彩泥各一块。

步骤2:用橙色彩泥捏成胡萝卜状。

步骤3:用绿色的彩泥捏成叶片的形状。

步骤4:再用橙色的彩泥搓成小细条作为胡萝卜的装饰。

步骤5:将各部分粘贴在一起，完成。

豌豆

豌豆的豆子要捏成大小不一的圆形，外面的皮将其半包裹住就可以。

步骤1:取黄色、绿色彩泥各一块。

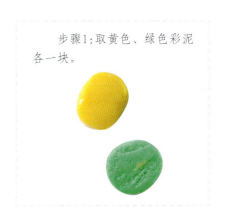

步骤2:将绿色的彩泥按压成椭圆形的饼状，作为豌豆荚。

步骤3:将黄色的彩泥捏成几个球形作为豌豆粒。

步骤4:将各部分粘贴在一起，完成。

音乐胎教：中国宝宝可以听中国风的胎教音乐

《渔舟唱晚》

《渔舟唱晚》是一首颇具古典风格的河南筝曲。乐曲描绘了夕阳映照万顷碧波，渔民悠然自得，渔船随波渐远的优美景象。

这首乐曲是20世纪30年代以来，在中国流传最广、影响最大的一首筝独奏曲。

取自唐代诗人王勃《滕王阁序》中："渔舟唱晚，响穷彭蠡之滨"的诗句。乐曲描绘了晚霞辉映下渔人载歌而归的动人画面。乐曲开始，以优美典雅的曲调、舒缓的节奏，描绘出一幅夕阳映照万顷碧波的画面。接着，以音乐的主题为材料逐层递降，音乐活泼而富有情趣。当它再次变化反复时，采用五声音阶的回旋，环绕一段优美的旋律层层下落，此旋律不但风格性很强，且十分优美动听，确有"唱晚"之趣。最后先递升后递降的旋律接合成一个循环圈，并加以多次反复，而且速度逐次加快，表现了心情喜悦的渔民悠然自得，片片白帆随波逐流，渔舟满载而归的情景。这首富于诗情画意的筝曲曾被改编为高胡、古筝二重奏及小提琴独奏曲。

《春江花月夜》

《春江花月夜》原是一首著名的琵琶独奏曲，原名叫《夕阳箫鼓》，见于已故琵琶演奏家吴婉卿1875年的手抄本。至1895年平湖派琵琶演奏家李芳园收入所编《南北派十三套大曲琵琶新谱》（工尺谱本）中，更名为《浔阳琵琶》，这时乐曲已发展为十段，由李芳园分段标以"夕阳箫鼓、花蕊散回风、关山临却月、临水斜阳、枫荻秋声、巫峡千寻、箫声红树里、临江晚眺、渔舟唱晚、夕阳影里—归舟"十个辞藻华丽的小标题。以后又有人将曲名改为《浔阳月夜》、《浔阳曲》。乐曲以唐朝诗人白居易的长篇叙事诗《琵琶行》的诗意"寻阳江头夜送客，枫叶芦花秋瑟瑟"相联系而成曲的。虽然标题与《琵琶行》中诗句"春江花朝秋月夜，往往取酒还独倾"相似，但乐曲情趣已超脱"枫叶芦花秋瑟瑟"的秋意晚江别，而强调了"春江花月夜"的春意江夜美。

《高山流水》

《高山流水》为中国十大古曲之一。传说先秦的琴师伯牙一次在荒山野地弹琴，樵夫钟子期竟能领会这是描绘"巍巍乎志在高山"和"洋洋乎志在流水"。伯牙惊道："善哉，子之心而与吾心同。"钟子期死后，伯牙痛失知音，摔琴绝弦，终身不操，故有高山流水之曲。"高山流水"比喻知己或知音，也比喻乐曲高妙。有同名电视剧《高山流水》。此曲原是古琴曲，后分为《高山》、《流水》二曲；另有同名筝曲《高山流水》，与琴曲不同。

筝曲《高山流水》，音乐与琴曲迥异，同样取材于"伯牙鼓琴遇知音"。现有多种流派谱本。而流传最广、影响最大的则是浙江武林派的传谱，旋律典雅，韵味隽永，颇具"高山之巍巍，流水之洋洋"貌。

山东派的《高山流水》是《琴韵》、《风摆翠竹》、《夜静銮铃》、《书韵》四个小曲的联奏，也称《四段曲》、《四段锦》。

河南派的《高山流水》则是取自民间《老六板》板头曲，节奏清新明快，民间艺人常在初次见面时演奏，以示尊敬结交之意。这三者及古琴曲《高山流水》之间毫无共同之处，都是同名异曲。

《月儿高》

《月儿高》是一首著名的琵琶传统大套文曲，所作年代及作者均不详，现存最早谱本是明代嘉靖年间的手抄本《高和江东》中的一曲，后被改编成民族管弦乐曲和古筝曲，是器乐艺术中描写月亮的极品之作。

《月儿高》主要描述月升到西沉的过程，全曲华丽缠绵，极具舞蹈性，描写了月亮从海上升起直到西山沉没这一过程中的种种景色和意韵。这里有浩瀚的海涛，也有涓涓的细流；有幽静的庭院，也有广阔的田野；有如洗的碧空，点点的繁星，也有奔流的江河，清凉的风露；既有对现实世界的精致描写，又有对月中世界的绮丽想象。整个画面银光灼灼，诗意朦胧，令人迷醉。

《牧童短笛》

　　《牧童短笛》原名《牧童之笛》，是贺绿汀先生创作于1934年的一首钢琴曲。该曲是音乐界第一首具有鲜明、成熟的中国风格的钢琴曲，刻画了完全不同于西方风格的中国田园音画，曲将西方的复调写法和中国的民族风格相结合，将欧洲音乐理论与中国音乐传统相结合，呈现出独具一格的中国风格特征，为中国钢琴音乐作品翻开了新的一页，是我国近代钢琴音乐创作上一个具有创造性的范例。

　　《牧童短笛》旋律、和声、调性和节奏的色彩性因素，以清新流畅的线条和呼应对答式的二声部复调旋律，向人们展示了牧童放牧、吹笛、玩耍、回家的情景。作品显示段采用了传统的民间舞蹈风格，节奏、旋律较为欢快，把一个骑在牛背上、悠闲地吹着笛子、天真无邪的牧童形象跃然纸上，使人眼前不禁浮现出画家李可染的《牧童短笛图》，仿佛走进一个山清水秀的大自然，领略大自然的神奇与美妙。作品中段以热烈明快的节奏与显示段形成了强烈对比，使人们在以五声调式为主体的和声音程的替换中依稀看到两个牧童在阡陌上追逐戏耍，领略到一股浓浓的充满清新淡雅的乡土气息。

《茉莉花》

　　茉莉花是中国著名民歌，在国内以及国际具有极高的知名度，在中国及世界广为传颂，是中国文化的代表元素之一，因其特殊的地位和代表，被誉为"中国的第二国歌"。

好一朵美丽的茉莉花，
好一朵美丽的茉莉花，
芬芳美丽满枝桠，
又香又白人人夸，
让我来将你摘下，
送给别人家，
茉莉花呀茉莉花。
好一朵茉莉花，
好一朵茉莉花，
满园花香香也香不过它，
我有心采一朵戴，
又怕旁人笑话。
我有心采一朵戴，
又怕来年不发芽。

语言胎教： 让胎儿聆听 爸爸妈妈的声音

　　孕晚期的胎宝宝，已经产生了自己的意识和心理。这一阶段的语言胎教建议父母双方共同参与，父母可以给胎儿起一个中性的乳名，经常呼唤，使胎儿牢牢记住。如此，婴儿出生后哭闹时再呼其乳名时，婴儿便会感到来到子宫外的崭新环境并不陌生，而有一种安全感，很快地安静下来。准父母经常和胎宝宝说话、聊天或唱歌谣给他听。这样，不仅能增加夫妻间的感情，还能把父母的爱传递给胎儿，对胎儿的情感发育具有莫大益处。对于即将临产的准妈妈们或多或少都会有一些焦虑情绪，通过与宝宝的交流能够很好地缓解分娩临近的紧张心情。

　　跟宝宝对话的内容不需要太复杂，以便使胎儿大脑皮质产生深刻的记忆。男性的低音是比较容易传入子宫内的，而且，研究发现胎儿比较喜欢这种低沉的声调，因此，爸爸要经常给胎儿唱歌、讲故事，同他说话。通过这种声音训练的胎儿出生后会很快适应新的生活环境。

临产前的准备运动

产妇一般都忽略产前运动，她们可能以为产后运动才是最重要的，好使身体能够早日回复苗条，帮助恢复美好的身段！其实，适量的产前运动可帮助产妇松弛肌肉和关节，而呼吸控制的练习，可减少分娩时的痛楚及促使产程顺利。

女性怀孕期间常感到腰背痛楚，这是因为体内激素改变，导致盆骨及韧带放松。孕期适度运动，不仅对准妈妈和胎儿都有好处，而且准妈妈将来分娩时间会较不运动时缩短，并且疼痛也会减轻。研究表明：女性在怀孕期间如果保持适度运动，将可以使她们的分娩时间缩短3小时。怀孕时坚持运动的产妇，除了可较快分娩，产后恢复也比不运动的产妇要好些。不难看出，适度运动助分娩，好处多多。

准妈妈的准备项目	
1	怀孕期间，准妈妈会发生很多身体上的变化，有规律地运动，不仅能使准妈妈很快适应这些变化，而且可以帮助身体为艰难的分娩过程做好准备
2	运动强健肌肉、增强耐力、增加血液循环，帮助准妈妈应付身体承受的额外负担，使身体逐渐适应妊娠和分娩的需要
3	适当的产前运动，有助于"准妈妈"松弛肌肉，减轻生产时的痛楚，使得生产过程更加顺利，更能预防怀孕期间出现的身体不适，例如抽筋、水肿和腰疼等
4	适当且合理的运动能促进准妈妈的消化、吸收功能，不仅可以给腹中的宝宝提供充足的营养，而且也为准妈妈补充了体力，以利于产妇分娩
5	运动可以控制准妈妈体重，不至于使体重增加过多。孕期保持合适的体重，会使分娩更容易、更轻松，产后也可在短期内恢复
6	适度运动会消耗母体多余的血糖，降低患糖尿病的危险，而且对宝宝的生长发育有良好的促进作用

怀孕晚期的准爸爸怎么做

●学习分娩法，树立自然分娩信心●

拉梅兹分娩法，也被称为呼吸减痛分娩法。这种分娩方法，从孕七月开始一直到分娩前持续练习，通过对神经肌肉控制、产前体操及呼吸技巧训练，让产妇在分娩时将注意力集中在对自己的呼吸控制上，从而转移疼痛，适度放松肌肉，在产痛和分娩过程中保持镇定，达到加快产程并让婴儿顺利出生的目的。

拉梅兹呼吸减痛分娩法训练，从孕七月开始为好，一定要与准爸爸一起学习，然后在家里每天一起做练习，才能够在正式分娩的时候应用自如；若不勤于练习，当真正的宫缩到来时，则无法建立起正确的肌肉神经反射，达不到应有的效果。

●缓解产前紧张的压力●

准爸爸可通过按摩帮助准妈妈放松，按摩除了能让准妈妈感到舒服与放松之外，也是夫妻间情感交流的时刻，可帮助安抚准妈妈的身心，缓解产前紧张的压力。准爸爸也可以在准妈妈的阵痛刚开始时，利用谈话、游戏等方式，转移准妈妈的注意力。

准爸爸的语言鼓励是准妈妈的"安心丸"。在陪产的过程中坚持鼓励她表现出色，表现出对她能够顺利分娩具有信心，一再表白对她的感情和感激之情，一定要让她知道她将带给你们的生活一个崭新的开始。

●有意识地进行精神鼓励●

准爸爸瞒着准妈妈买一套新衣服给她；在某个纪念日送一份准妈妈盼望已久又出乎意料的礼物；某天下班回来拿着一个很可爱的小玩具……这些小小举动都能刺激准妈妈产生良好的情绪，并影响到腹中的胎宝宝，胎宝宝也会倍感舒畅。

●确定最适合自己的分娩方式●

如果准妈妈的身体状况完全正常，最好选择自然产，自然产对宝宝和妈妈的好处都会非常多。但是，如果身体与宝宝的状况不合适自然产，也一定要听从医生的建议，选择安全合适的分娩方式！

有很多准父母在分娩前就确定了医生，最好把医生的联系方式写在最明显的地方，以便查找。如果没有私家车，最好存两个出租车司机的电话以备不时之需。

如果夫妻双方意见出现了分歧，准爸爸最好跟准妈妈充分沟通，听取她的建议。对于准妈妈而言，也不必有过多的顾虑，如果准爸爸不是晕血或者有特殊原因的话可以让他陪产。